Hallo, Jenseits

Dolly Röschli

Hallo, Jenseits

Mein Dialog mit der geistigen Welt

Wörterseh wird vom Bundesamt für Kultur mit einem Strukturbeitrag für die Jahre 2016 bis 2020 unterstützt und dankt herzlich dafür.

Alle Rechte vorbehalten, einschließlich derjenigen des auszugsweisen Abdrucks und der elektronischen Wiedergabe.

© Wörterseh, Lachen

Wörterseh-Bestseller als Taschenbuch
1. Auflage 2019

Die Originalausgabe erschien 2018 als
Hardcover mit Schutzumschlag

Lektorat: Andrea Leuthold
Korrektorat: Brigitte Matern
Umschlaggestaltung: Thomas Jarzina
Foto Umschlag: Sylvia Michel, michelphotography.ch
Layout, Satz und herstellerische Betreuung:
Rolf Schöner, Buchherstellung
Druck und Bindung: CPI – Ebner & Spiegel

ISBN 978-3-03763-315-1 (Taschenbuch)
ISBN 978-3-03763-102-7 (Originalausgabe)
ISBN 978-3-03763-759-3 (E-Book)

www.woerterseh.ch

Für meine Familie
und Stephan, you raise me up ...

*»Es gibt keinen Weg hin zum Glück.
Glücklich sein ist der Weg.«*

Buddha Shakyamuni

Inhalt

Ein paar Worte zum Voraus 13
Sitzung mit einem Baby 15

Wie alles begann 21
Ich will sterben 23
Wer ist dieser Mann? 26
Nicht Streberin – Besserwisserin! 30
   Erinnerungen meiner Mutter 37
Die alte Frau im Zug 43
Training mit Esther 48
Lehrjahre in »Hogwarts« 51
   Erinnerungen meiner Freundin 61
Über den Wolken 67
Sprung ins kalte Wasser 69
Besuch von einem Pfarrer 72
Drei Klicks zum Glück 74
   Erinnerungen meines Mannes 79
Bei »Aeschbacher« 87
   Feedback einer Zuschauerin 93
Ein Klient, der nicht zuhört 97
Mein Leben als Medium 99
Stalkerin aus dem Jenseits 104
Burn-out? Ich doch nicht … 107
   Erinnerungen eines Freundes 111

Sterben. Anfang oder Ende? 119
Der Übergang 121
Die astrale Welt 125
Das Licht 131

Wir sind nicht allein 135
Verstorbene 137
Geistführer 139
Engel 143
Störenfriede aus dem Jenseits 145
Religion 148

Wie Medialität funktioniert 151
Hellfühlen 153
Hellsehen 157
Hellschmecken 159
Hellriechen 160
Hellhören 161
Symbole 163

Kontakt zum Jenseits 167
Ablauf einer medialen Sitzung 169

Fragen und Antworten 175
Fiktives Gespräch 177

Übungen für den Alltag 183
Meditationen 185
  Grundmeditation 186
Gegen Stress 188
  Übung einfacher Stressabbau 189
  Anti-Stress-Meditation 190
Bei Spukphänomenen 191
  Übung Astronautenanzug 192
Für die Gesundheit 192
  Übung positive Gedanken 194
  Gesundheitsmeditation 195
Gute Beziehungen und Partnerschaften 196
  Tipps, um eine Partnerschaft zu verbessern 197
  Partnerschaftsmeditationen 201
Kontakt zum Jenseits herstellen 204

Ein paar Worte zum Voraus

Jetzt geht es bald in den Druck, mein Buch, und ich erinnere mich daran, wie groß meine Zweifel waren, ob ich es überhaupt schreiben sollte. Warum ich es getan habe, hat vor allem einen Grund: Was ich über mediale Fähigkeiten und den Umgang mit der geistigen Welt gelesen habe, ließ im Kern immer etwas offen, nämlich: Wie funktioniert dieser Kontakt eigentlich? Als ich meinen »Frust« über die zwar breit vorhandene, aber sehr unbefriedigende Literatur zur Medialität einer Freundin mitteilte, meinte sie: »Nicht klagen, liebe Dolly, machen! Schreib selber ein Buch« – und hatte damit einen Samen gesetzt. Ich besprach ihre Aufforderung mit meinem Mann, der mich ohne Zögern sofort darin bestärkte, die Idee weiterzuverfolgen. Mit der Zeit redete ich auch im Freundeskreis, mit Bekannten und mit meinen Kunden darüber und stieß auch dort nicht auf Ablehnung, sondern auf ein breites Interesse, und dann war es eines Tages klar – ich würde es versuchen.

Meine Absicht war es zuerst, einfach ein aufklärendes Sachbuch zu schreiben, ohne mich in den Vordergrund zu stellen. Je weiter ich dann aber den Inhalt gliederte und nach zahlreichen Gesprächen mit meinem Umfeld wurde immer deutlicher, dass ein reines Sachbuch meinem Anliegen nicht gerecht werden würde. Ich realisierte, dass meine Entwicklung, meine Annäherung an das Thema, meine Höhen und Tiefen für das Verständnis der Medialität und meines Umgangs mit der geistigen Welt ein wichtiger Teil sind, den ich einfließen lassen musste und vor allem auch wollte. Und so entstand dann ein autobiografisches Sachbuch.

Es widerspiegelt meine Erfahrungen seit meiner Kindheit und legt meine Sichtweise und meine ganz persönlichen Meinungen dar. Ich habe dabei keinen Anspruch auf Allgemeingültigkeit, und schon gar nicht will ich irgendeiner Religion zu nahe treten. Ich bin christlich erzogen worden und verwende daher christliche Ausdrücke wie zum Beispiel »Gott«. Sinngemäß steht dieses Wort bei mir aber für eine »höhere Macht«, die man in jeder Religion findet. Es geht mir nicht um eine religiöse Debatte oder ein Abwägen von dogmatischen Sichtweisen. Vielmehr möchte ich aufzeigen, dass wir keine Angst haben müssen vor dem Tod und dass wir – auch wenn es oft so scheint – nie allein sind.

Dolly Röschli
Zürich, im August 2018

Sitzung mit einem Baby

Es war eine der Sitzungen, die im Gedächtnis haften bleiben. Ein junges Paar hatte sich bei mir angemeldet. Wie immer wollte ich den Grund des Besuchs im Voraus nicht wissen. Kaum hatten die beiden Platz genommen, zeigte sich mir eine ältere Frau mit einem Baby auf dem Arm. Sie war sehr aufgeregt und erzählte mir, meine Besucher seien die Eltern des Babys. Sie selbst sei dessen Großmutter und die Mutter des Ehemanns. »Das Kind ist kürzlich im Alter von vier Monaten gestorben«, sprach sie weiter. »Seither machen sich die Eltern schwere Vorwürfe. Sie denken, schuld am Tod ihres Kindes zu sein, doch«, die Stimme der Großmutter wurde nun sehr bestimmt, »die beiden trifft keine Schuld.« Die Eltern hätten nichts dagegen tun können. Die Frau erhob ihren Zeigefinger und sagte: »Der Todeszeitpunkt war längst vorbestimmt. Das Kind ist friedlich in seinem Bettchen eingeschlafen und nicht mehr aufgewacht, ganz ohne Schmerzen.« Ich solle das den Eltern mitteilen.

Ich versicherte also den beiden, dass sie keine Schuld treffe, dass das Baby an einem »plötzlichen Kindstod« gestorben sei, für den die Medizin bis heute keine Erklärung hat. Es sei in der geistigen Welt gut aufgehoben, seine Großmutter sei bei ihm und viele andere Verwandte auch.

Als Leser* fragst du dich jetzt vielleicht, warum ich dir diese Begebenheit erzähle. Weshalb das Baby nicht allein erschienen ist, oder warum Kinder überhaupt sterben müssen. Das sind gute Fragen. Ich beginne mit der einfacheren, weshalb das Baby nicht allein gekommen ist. Das liegt daran, dass eine Kommunikation mit einem Baby oder einem Kleinkind schwierig ist. Ein Kind hat zu wenige Erinnerungen. Es hat noch keinen ausgeprägten Charakter, den ich beschreiben könnte. Und es kann sich noch nicht richtig mitteilen. Ein Kind, das zu Lebzeiten bereits sprechen gelernt hat, kann vielleicht erzählen, wie sein Zimmer aussah oder mit wem es gern spielte. Das sind Informationen, die für eine unmissverständliche Identifikation oft nicht ausreichen. Deshalb kommen bei kleineren Kindern, die gestorben sind, meist Verwandte mit, um eine Kommunikation zu ermöglichen.

Und nun zur zweiten Frage: Warum müssen Kinder sterben? Der Tod eines Kindes ist für mich bis heute eines der schwierigsten Themen geblieben, auch wenn ich als Medium aufgrund der vielen Schicksale, von denen ich erfahren habe, im Laufe der Zeit widerstandsfähiger geworden bin oder werden musste. Der Tod und das Sterben sind die Mysterien des Lebens. Das gesamte Wissen darüber erhalten wir erst im Jenseits.

---

* Ich werde in diesem Buch stets vom »Leser« oder vom »Partner« sprechen, nie von der Leserin oder der Partnerin, also immer nur die »männliche«, für mich neutrale Form verwenden. Ich finde es für den Lesefluss schlichtweg einfacher. Genauso erlaube ich mir, dich als Leser zu duzen. Ich hoffe, du verzeihst mir beides.

Ich bin jedoch überzeugt davon: Der Tod kommt nie durch Zufall, er ist vorbestimmt. Vielleicht nicht auf die Woche oder den Tag genau, doch auf das Jahr. Noch bevor wir auf die Welt kommen, liegt unser Todeszeitpunkt bereits fest. Unumstößlich.

Ich bin ebenso überzeugt davon, dass das Dahinscheiden eines Kindes keine Strafe für die Eltern sein soll. Vielmehr hat jeder von uns einen Lebensplan zu erfüllen. Es kommt vor, dass Seelen, die schon viele Male wiedergeboren wurden, einen hohen Grad an Weisheit und Erfahrung erreicht haben und nur mehr wenig Zeit auf der Erde verbringen müssen.

Auf der Erde sehen wir unser Leben nur mit den Augen eines Menschen. Erst wenn wir in der geistigen Welt sind, wissen wir, welche Aufgaben wir noch zu erfüllen haben, um endgültig heimkehren zu können. Dieses Wissen ist anfangs vielleicht nur ein kleiner Trost für die Hinterbliebenen. Und doch hoffe ich, dass es zur Heilung des Verlustschmerzes beitragen kann.

Bleibt noch hinzuzufügen: Einen Monat nach der Sitzung mit den Eltern des verstorbenen Kindes erhielt ich einen Brief von ihnen. Die beiden dankten mir für meine Unterstützung. Und sie ließen mich wissen, eine Obduktion habe ergeben, dass die Ursache für das Dahinscheiden des Babys ein plötzlicher Kindstod war.

Ich bin Dolly, 43, geboren und aufgewachsen im Emmental. Schon als Kind konnte ich Verstorbene sehen. Ich hatte Kontakt zu Tausenden von Verstorbenen. Seit vierzehn Jahren arbeite ich als Medium in meiner Praxis im Zürcher Oberland. Ich habe dieses Buch geschrieben, um den Menschen die Angst vor dem Tod zu nehmen.

Wie alles begann

Ich will sterben

Es war an einem Aschermittwoch, 1975, als ich geboren wurde. Astrologen erklärten mir später, die Sternenkonstellation sei zu diesem Zeitpunkt »außergewöhnlich« gewesen. Alles habe darauf hingedeutet, dass ich stark übersinnlich veranlagt sei. Hätte ich das früher gewusst, wäre mir wohl einiges erspart geblieben.

Meine Eltern gaben mir den Namen Dolly. Nein, Dolly ist kein Spitzname. Ich heiße tatsächlich so. Mein Vater wählte ihn aus, in Erinnerung an seine Cousine Dolores, die ich nie kennen gelernt habe. Ich war ein normales Kind, wurde mir gesagt. Zumindest die ersten zwei Lebensjahre. Dann ereignete sich etwas, was meine Eltern so irritierte, dass sie sich fragten, ob ich vielleicht doch kein »normales« Kind war – was auch immer man unter einem normalen Kind versteht.

Es war im März 1978. Ich war drei Jahre alt und krank. Es ging mir miserabel. Ich lag auf dem Sofa in unserer Stube im Emmental, die Füße eingepackt in Essigwickel, um das Fieber zu bekämpfen, das mich seit Tagen plagte. Ich konnte kaum atmen, kaum essen, Tag für Tag ging es mir schlechter. Der Arzt hatte Pseudokrupp diagnostiziert, eine Krankheit, von der meist Kleinkinder betroffen sind und die starke Hustenanfälle und Atemnot verursacht. Meine Mutter flößte mir gerade selbst gekochte Suppe ein, als ich mich mit letzter Kraft auf dem Sofa aufrichtete und in kindlichen Worten – ich hatte erst ein paar Wochen zuvor zu sprechen begonnen – verkündete: »Mama, ich gehe jetzt heim.« Meine Mutter war verdutzt. »Aber du bist daheim, Schatzeli.« – »Nein, Mama, ich gehe jetzt richtig heim. Dorthin, wo ich herkomme.« Ich schloss die Augen, kippte auf das Sofa zurück und rührte mich nicht mehr.

Ich muss gestehen, dass ich nicht sehr viele Erinnerungen an meine Kindheit habe, an dieses frühe Alter, wie die meisten Menschen, erst recht nicht. An dieses Ereignis jedoch erinnere ich mich, als wäre es gestern gewesen. Ich hatte beschlossen, ins Jenseits zurückzukehren. Zuvor hatte ich vor meinem geistigen Auge schon öfters eine Welt aus Farben gesehen, die so unglaublich schön war, dass ich wieder dorthin zurückwollte. Die Farben waren so stark und intensiv, dass sie beinahe blendeten. In dieser Welt fühlte sich alles leicht und unbeschwert an, und ich wusste, dort wäre ich durch und durch mit Glück erfüllt. Obwohl ich noch so klein war, wusste ich, was Sterben bedeutete. Doch ich wollte mich nicht mehr so schlecht fühlen und hatte beschlossen zu sterben. Angst davor hatte ich nicht. Denn ich war überzeugt davon, nach meinem Tod in diese großartige Farbenwelt zurückzukehren. Nur musste ich mich zuvor von meiner Mutter verabschieden. Was ich eben getan hatte.

Meine Mutter indes war verwirrt. »Ist das ein Fieberwahn«, fragte sie sich, »oder hat meine Tochter gerade ernsthaft ihren Tod angekündigt?« Panik stieg in ihr hoch. Kurze Zeit später fuhr mich ein Rettungswagen mit Blaulicht ins Inselspital nach Bern. Gerade noch rechtzeitig, wie die Ärzte später mitteilten. Eine Stunde länger, und ich hätte nicht überlebt. Zu meinen Krupp-Anfällen war eine Lungentuberkulose hinzugekommen. Ich wurde sofort auf die Intensivstation und in Quarantäne gebracht. Eineinhalb Monate vergingen, bis ich das Krankenhaus wieder verlassen durfte.

Dieses Ereignis war mein erster bewusster Kontakt zum Jenseits, und es war mir nicht vorherbestimmt, damals zu sterben. Auch wenn es mein Wunsch war. Heute gehe ich davon aus, dass jeder Mensch eine Bestimmung auf dieser Welt hat, eine Aufgabe, ein Ziel, um als Seele zu reifen und zu lernen. Wie viel Zeit uns dafür zur Verfügung steht, wie lange wir leben und wann wir sterben, das steht in einem größeren Plan, den wir alle nicht kennen. Ich hatte meine Aufgabe noch nicht erfüllt. Es sollte viele Jahre dauern, bis ich meine Bestimmung erkannte und bereit war, die Fähigkeiten, die ich mit auf den Weg bekommen hatte, anzunehmen. Die Farben von damals sehe ich heute nur noch, wenn ich mich in Extremsituationen befinde, in einem Schockzustand, oder wenn ich tief in Trance bin. Manchmal vermisse ich diese großartige Farbenwelt, zu der ich früher so leicht Zugang hatte.

Wer ist dieser Mann?

Zwei Jahre nach diesem Erlebnis wurde es für meine Eltern zur Gewissheit, dass ich tatsächlich in mancherlei Hinsicht kein »normales« Kind war. Wir wohnten in Wyssachen im Emmental. Viele Generationen schon lebte die Familie meiner Mutter in dieser Gegend. Rund 1200 Einwohner zählte das Dorf zu jener Zeit, vorwiegend Bauern, fromm und arbeitsam, aber auch neidisch und ablehnend jedem gegenüber, der nicht ähnlich gestrickt war wie sie oder anders dachte. Zentrum meines Lebens damals, ich war gerade fünf Jahre alt geworden, war mein Großvater. Er war nicht nur ein findiger Unternehmer – er war selbständiger Wagner, stellte Spinnräder und Webstühle her, hatte eine eigene Sägerei und eine Tankstelle –, er war auch ein Mann mit einem großen Herzen, der immer da war, wenn ich ihn brauchte, und mir zuhörte. Häufig kamen auch Dorfbewohner zu ihm in die Werkstatt und baten ihn um Rat. Er konnte stundenlang zuhören, saß dann wortlos auf seiner Holzbank und gab dem Besucher schließlich eine Empfehlung ab, die dieser annehmen konnte oder nicht. Ich denke, dass auch er übersinnliche Fähigkeiten hatte, worüber in unserer Familie jedoch nie gesprochen wurde. Meine Mutter erbte die Veranlagung von ihm, was sie lange unterdrückte, und gab sie wiederum an mich weiter.

Mein Großvater hatte im Laufe seines Lebens zwei Häuser allein geplant, auf- und ausgebaut. Drei Generationen lebten dort miteinander. Meine Großeltern in einem stattlichen Haus, meine Eltern sowie mein drei Jahre jüngerer Bruder Remo und ich im Haus nebenan in den oberen zwei Stockwerken. Im unteren war die Sägerei untergebracht. So konnte ich, wann immer ich wollte, bei meinem Großvater sein. Vormittags besuchte ich den Kindergarten, nachmittags aber war ich bei ihm in der Werkstatt. Er hatte immer Zeit für mich. Ruhig, sanft und gütig beantwortete er bereitwillig meine vielen Fragen über das Leben. Oft schien es, als kenne er sie bereits im Voraus, und selbst als ich ihm von den Geistwesen erzählte, die mich besuchen kamen, zeigte er sich keineswegs überrascht oder besorgt. Aber er äußerte sich nie konkret.

Obwohl mein Bruder und ich im Emmental geboren sind, empfanden wir uns – wie mein Vater, der aus Winterthur stammt – als »Fremdkörper« im Dorf. Wir schienen zu »weltoffen« zu sein und zu »anders«. Mein Vater arbeitete als Auslandsmonteur und verdiente damit gutes Geld. Während seiner Einsätze gönnte er sich wenig, sparte lieber jeden Franken, den er verdiente, um seiner Familie ein schönes Leben zu ermöglichen. Zweimal im Jahr machten wir Urlaub: Im Winter ging es in die Skiferien nach Davos, im Sommer mit dem Flugzeug irgendwohin in den Süden. Solche Reisen waren zu jener Zeit bei uns im Dorf eine Seltenheit und weckten den Neid vieler. Die Bauern mussten auf den Feldern arbeiten und kannten keine Ferien. Dass wir meinen Vater wegen seiner Arbeit meist nur einmal im Monat für ein Wochenende sahen, blendeten sie aus. Ich vermisste meinen Vater während meiner Kindheit oft.

Gott sei Dank hatte ich meine Mutter. Sie war Hausfrau und kümmerte sich liebevoll um mich und meinen Bruder Remo. Zu ihrem Leidwesen jedoch fing ich irgendwann an, seltsame Dinge zu erzählen. Genauer gesagt, sprach ich von einem fremden Mann. Den sah ich seit einiger Zeit regelmäßig, wenn ich allein in meinem Zimmer war. Er tauchte aus dem Nichts auf, sah mir zu, manchmal spielte er mit mir. Ich hatte keine Angst vor ihm, auch wenn ich nicht wusste, wer er war. Das Einzige, was mich irritierte, war: Wenn ich ihn meiner Mutter gegenüber erwähnte, konnte sie ihn nicht sehen. Auch wenn er direkt vor ihr stand.

Zu Beginn schenkte meine Mutter dem Thema keine große Beachtung – bis ich immer häufiger von dem Mann erzählte. Irgendwann hakte sie nach: »Wie heißt er denn, Dolly?« Ich war froh, dass sich meine Mutter nun doch für meinen »Spielkameraden« interessierte, und antwortete: »Weiß ich nicht. Er hat mir nur erzählt, dass er regelmäßig mit drei anderen Männern Karten spielt und sie alle den gleichen Vornamen haben wie er.« Meine Mutter schien wie vom Schlag getroffen. Was ich eben erzählt hatte, konnte ich gar nicht wissen. Sie hatte mir nie vom »Köbeli-Klub« meines Urgroßvaters Jakob erzählt, der 1960 gestorben war, fünfzehn Jahre vor meiner Geburt. Die drei Spieler, die mit meinem Urgroßvater gejasst hatten, hießen lustigerweise ebenfalls Jakob.

Irgendwann gewöhnte sich meine Mutter aber an die Anwesenheit von Urgroßvater Jakob, von dem ich immer wieder Neues zu berichten hatte. Sie trichterte mir jedoch ein, dass ich niemandem davon erzählen dürfe, da es die Leute nicht verstehen würden. Wie recht sie damit hatte, sollte ich spätestens erfahren, als ich zur Schule ging; davon gleich im nächsten Kapitel. Außer meiner Gewissheit, dass es die Welt der Farben gab, waren die Besuche meines verstorbenen Urgroßvaters die ersten Jenseitskontakte, an die ich mich bewusst erinnere. Es war schön, wenn er da war. Und völlig normal für mich. Es schien, als passe Urgroßvater Jakob auf mich auf – auch als ich älter wurde. Fuhr ich mit dem Fahrrad zu schnell, erschien er mir. Dann wusste ich, dass ich langsamer fahren sollte. Knallte ich wütend den Klavierdeckel zu, da mir die Brahms-Partitur erneut nicht gelang (ich hasste Brahms), empfahl er mir, eine Pause einzulegen, worauf ich mich beim Joggen abreagierte. Auch bei Prüfungen in der Schule stand er mir bei. Er half mir, Blockaden zu lösen und Gelerntes abzurufen. Nicht vorhandenes Wissen hingegen wollte er zu meinem Bedauern nicht herbeizaubern. Eine gute Note wäre so ja erschlichen, gab er mir zu verstehen.

Als ich etwa zwanzig Jahre alt war, hörte Urgroßvater Jakob auf, mir zu erscheinen. Auf ihn folgte mein Großvater mütterlicherseits, der mich nun regelmäßig besuchte. Die Verstorbenen begleiten einen so lange, wie sie mit ihren Eigenschaften, die sie zu Lebzeiten hatten, hilfreich sein können. Sie werden abgelöst von einem anderen Geistwesen – oft einem Familienmitglied –, das mit seinen Fähigkeiten besser Unterstützung geben kann. Beginnt man etwa eine Ausbildung zum Buchhalter, kann ein Verstorbener helfen, der zu Lebzeiten einen ähnlichen Job gemacht hat.

Nicht Streberin – Besserwisserin!

Ich möchte ja einen Einblick in meine Welt geben, mit all den Stolpersteinen und Höhepunkten, die ich erlebt habe. Ungeschminkt und unzensiert. Doch ich muss zugeben, dass mir das Verfassen dieses Buches zuweilen schwerer fiel, als ich dachte. Das liegt vor allem daran, dass ich nicht gern im Mittelpunkt stehe und es deshalb auch seltsam ist, im Zentrum eines Buches zu stehen. Ich bin kein Mensch, der die Öffentlichkeit oder Bekanntheit sucht. Im Gegenteil, das ist mir eher unangenehm. Ich schätze meine Anonymität. Freunde und Kunden baten mich jedoch immer wieder, in die Öffentlichkeit zu gehen. Und dadurch ist mir klar geworden, dass ich so etwas wie eine Verpflichtung habe, mein Wissen zu teilen. Und es ist mir ja doch auch ein Anliegen, es weiterzugeben, wenn ich so dazu beitragen kann, den Menschen die Angst vor dem Jenseits zu nehmen. Gleichzeitig möchte ich auch ein Sprachrohr für die geistige Welt sein.

Doch es gibt noch einen weiteren Grund, weshalb mir die Arbeit an diesem Buch schwerfiel: So mancher Rückblick in die Vergangenheit schmerzte. Besonders jener in meine Schulzeit. Je länger ich mich mit dieser Zeit beschäftigte, desto mehr Erinnerungen kamen hoch, die ich einst erfolgreich zur Seite gelegt hatte. Am liebsten hätte ich dieses Kapitel ganz weggelassen. Bis ich nach einigen Gesprächen mit Freunden doch zu dem Entschluss gekommen bin, dass auch diese Zeit dazugehört. Denn alle diese Erfahrungen ließen mich zu jenem Menschen reifen, der ich heute bin. Sie machten mich stärker, belastbarer und auch empathischer für die Nöte anderer. Gerade für ein Medium ist es unumgänglich, nicht nur eine spirituelle Entwicklung durchlebt zu haben, sondern auch eine persönliche.

Um es in einem Satz zu sagen: Während meiner Schulzeit gab es Mädchen, die waren beliebt, und es gab mich. Ich war die Außenseiterin, die – zugegeben – vermutlich auch nicht einfach war. Ich wusste häufig alles besser, hielt meine Meinung nie zurück, war ausgerechnet zu jenen respektlos, zu denen andere aufsahen. Regelmäßig brachte ich meine Mitschüler zur Weißglut, wenn ich einmal mehr sagte: »Das weiß ich schon.« Was daran lag, dass ich tatsächlich viele Ereignisse bereits im Voraus kommen sah. Ich wusste nicht, woher diese Informationen in meinem Kopf stammten, sie waren einfach da. Es war mein siebter* Sinn, wie ich später feststellte.

Ich hatte häufig Eingebungen, welcher Stoff zur Prüfung kommen würde. Ich wusste bereits im Voraus, ob ein unangekündigter Test stattfinden oder ein Schneesturm die Schule lahmlegen würde. Informationen, die meine Mitschüler keineswegs begeisterten. Im Gegenteil. Sie stempelten mich als Angeberin ab und merkten nicht, dass ich ihnen nur helfen

---

* Der sechste Sinn bezieht sich auf die Wahrnehmung von momentanen, aktuellen Geschehnissen, die nicht über Sehen, Hören, Schmecken, Riechen oder Tasten erfasst werden können, der siebte auf zukünftige, noch nicht eingetroffene Ereignisse.

wollte. Denn ich selbst benötigte diese Informationen nicht. Ich gehörte stets zu den Besten der Klasse. Obwohl ich faul war und kaum lernte, hatte ich meistens gute Noten. Irgendwann begann ich aber, mich zurückzuziehen, teilte mein Wissen immer weniger, dachte: »Wenn ich dauernd nur eins auf den Deckel kriege, sage ich halt nichts mehr.«

Mein sechster Sinn half mir in brenzligen Situationen. Zum Beispiel damals, als Nachbarsjungen den Plan aushecken, mich zu verprügeln. Ich musste wohl wieder irgendetwas gesagt haben, was sie als unangemessen oder frech empfanden. Auf jeden Fall waren sie derart wütend auf mich, dass fünf von ihnen beschlossen hatten, mich auf dem Schulweg abzupassen. Ihr Pech nur, dass ich dank einer Eingebung von ihrem Vorhaben wusste. Ich entkam, indem ich einen Umweg machte. Als mir die fünf das nächste Mal auflauerten – diesmal auf der Route, die ich das letzte Mal genommen hatte –, wusste ich auch das und ging wieder auf direktem Weg nach Hause.

Freunde hatte ich zu jener Zeit nicht. Und wenn, dann blieben sie es nicht lange. Die meisten hatten Angst vor meinen Eingebungen, oder sie mochten meine Freizeitaktivitäten nicht, denen ich mich hingebungsvoll widmete. Ob ich auch deshalb keine Freunde hatte, weil ich so viel Zeit dafür aufwendete, weiß ich nicht. Jedenfalls fanden alle schnell Ersatz – und ich blieb oft enttäuscht zurück. Mit sieben Jahren hatte ich nämlich angefangen, Heimorgel zu spielen. Seither übte ich regelmäßig, jeden Tag mehrere Stunden. Ich war so fasziniert von der Musik, dass ich voll und ganz darin aufging. Nie musste mich jemand zum Üben motivieren. Als ich sechzehn war – ich spielte mittlerweile konzertreif Klavier –, bekam ich die Chance, das Musikkonservatorium in Bern zu besuchen. Für mich ging damit ein Traum in Erfüllung. Doch ich begann mich zusehends in der Welt der Musik zu verlieren. All meine Gedanken, all meine Gefühle drehten sich nur noch um die Musik. Es schien, als würde ich irgendwann ganz darin verschwinden. Nach einem Jahr brach ich meine Ausbildung am Konservatorium ab. Auch mein Ziel, Berufsmusikerin zu werden, begrub ich. Ich war zu jung, um genügend Distanz aufzubauen, mich abzugrenzen. Heute kann ich das und liebe es, stundenlang am Klavier zu sitzen und in der Musik aufzugehen.

Neben der Musik war ich auch sportlich aktiv. Ich war von Kindheit an schlank und liebte es, mich zu bewegen, und da ich lange Beine hatte, konzentrierte ich mich bald auf die Leichtathletik. Hürdenlauf und Mittelstrecke waren meine Disziplinen. An den Wettkämpfen, an denen ich regelmäßig teilnahm, errang ich häufig Podestplätze. Auch beim Sport hatte ich Eingebungen. So konnte es vorkommen, dass ich vor einem Wettkampf wusste, welchen Platz mein Team oder ich erreichen würde. Nicht, dass mir dieses Wissen weitergeholfen hätte. Manchmal war es aber ein Ansporn. Doch letztlich zwangen mich meine vielen Fußgelenk- und Knieverletzungen, aufzuhören.

Erst viele Jahre später wurde mir bewusst, worauf meine musikalischen und sportlichen Erfolge basierten. Es waren nicht allein das harte Training und mein Wille, die mich zu Höchstleistungen antrieben. Es war auch die geistige Welt, die mich unterstützte – Doping aus dem Jenseits, wenn man so will. Große Maler, Architekten, Musiker und andere außergewöhnliche Menschen »bedienen« sich meiner Ansicht nach dieser Unterstützung. Sind sie gerade nicht mit dem Göttlichen »verlinkt«, sind ihre Werke durchschnittlich. Doch sobald sie verbunden sind, wird ihre Arbeit genial. Bestimmt gehörte Galileo dazu, Picasso, Mozart oder auch Maria Callas. War Maria Callas mit dem »Höheren Selbst« verbunden, sang sie eine Arie unvergleichlich schöner, als sie es zig Male zuvor getan hatte. Und ich bin mir sicher, dass sich nicht nur die Großen der Geschichte mit dem Höheren Selbst verbinden konnten, sondern jedermann das Potenzial dazu hat. Vorausgesetzt, er beschäftigt sich mit diesem Thema, öffnet sich innerlich und lässt es zu.

Doch zurück zu meiner Kindheit: Auf wen ich immer zählen konnte, war meine Mutter. Sie war einfach für mich da. Sie hörte mir zu oder gab mir gute Ratschläge. Häufig saßen wir abends zusammen am Küchentisch. Ich erzählte ihr von meinen Vorahnungen oder von Urgroßvater, dem Geist, der sich wieder gezeigt hatte. Mittlerweile hatte es ein Umdenken bei meiner Mutter gegeben. Zu Beginn hatte sie an meinen Fähigkeiten gezweifelt. Sie ignorierte sie, tat alles als kindliche Fantasie ab. Zum einen wohl, weil sie Angst vor dem Thema Jenseits hatte. Zum anderen aber, weil sie selbst mediale Fähigkeiten besaß, die sie jedoch nicht wahrhaben wollte. Auch meine Mutter hatte in ihrer Kindheit immer wieder Verstorbene gesehen. Worauf ihre Eltern ihr verboten, darüber zu sprechen. Weshalb sie das taten, kann ich nur vermuten: Wenn ich meinem Großvater von den Geistwesen erzählte, die mich besuchen kamen, hatte er sich wie gesagt nie überrascht oder besorgt gezeigt, und ich glaube ja, dass er selbst in Kontakt mit dem Jenseits stand. Und wenn ich mich an seine Rolle als Zuhörer und Ratgeber im Dorf erinnere, denke ich, dass unsere Familie wohl nicht erst mit der Ankunft meines Vaters als »fremd« und »anders« galt. Doch Verstorbene zu sehen, ist heute noch etwas, worüber vielerorts nur hinter vorgehaltener Hand gesprochen wird; das war in meiner Kindheit so und erst recht in jener meiner Mutter. Meine Großeltern wollten wohl einfach vermeiden, dass ihre Tochter ausgegrenzt wurde. Im Gegensatz zu mir sprach meine Mutter danach nicht nur mit niemandem mehr darüber, sondern sie unterdrückte ihre Fähigkeiten und konnte sie deshalb nie schulen. Nun aber musste sie sich erneut damit beschäftigen. Die Geister ihrer Vergangenheit waren zurückgekehrt.

Irgendwann musste sich meine Mutter schließlich eingestehen, dass das, was ich voraussah, meistens auch eintraf. Ich eröffnete ihr, dass unser Nachbar sterben werde, da er schwer krank sei. Ein klarer Hinweis sei das Pflaster auf seiner Nase. Äußerlich jedoch schien der Nachbar kerngesund zu sein, weshalb meine Mutter mir nicht glaubte. Doch zwei Jahre später starb er an einem Hautkrebs, der sich von seiner Nase her ausgebreitet hatte. Ein anderes Mal wusste ich, dass es im Haus eines Bekannten brennen würde. Er würde jedoch unverletzt bleiben. Wenige Tage später brach das Feuer aus. Oft waren es auch nur kleine Ereignisse, die ich voraussah. Wie etwa einen Spontanbesuch meiner Großmutter aus Winterthur, auf den sich meine Mutter dann seelisch vorbereiten konnte. Meine Großmutter stand häufig unangemeldet vor unserer Tür und gab meiner Mutter Anweisungen, wie sie uns Kinder erziehen solle.

Weil mein Vater so viel unterwegs war, bekam er natürlich viel weniger von meinen Fähigkeiten mit. Überraschend auch für ihn war aber zum Beispiel, dass ich auf Anhieb fehlerfrei

Weihnachtslieder vortragen konnte, als mir meine Eltern zu Weihnachten eine Heimorgel schenkten. Ich war damals sieben und hatte weder Klavierunterricht gehabt noch Noten lesen gelernt. Woher diese Fähigkeit kam, war ihm genauso schleierhaft wie meiner Mutter.

Im Laufe meiner Schulzeit war ich immer wieder froh, den Rückhalt meiner Mutter zu spüren. Das bedeutete mir sehr viel. Doch sie vergaß auch nicht, mich regelmäßig zu ermahnen, keinem Menschen von all dem zu erzählen, was ich ihr anvertraute. Ich hielt mich daran. Auch wenn es mir zunehmend schwerer fiel. So gern hätte ich auch eine Freundin zum Reden gehabt. Eine einzige hätte mir schon gereicht.

Erinnerungen meiner Mutter

Erika Röschli, 65, Hausfrau

Dolly war anders. Schon von klein auf. Sie war sehr umgänglich, folgsam und kopflastig. Früher fiel mir dieses Anderssein gar nicht auf. Erst viele Jahre später, als ich Vergleiche zu meinen Enkeln zog, fiel mir auf, dass Kinder manchmal nicht gehorchen oder das Gegenteil von dem tun, was man möchte. Von Dolly kannte ich das nicht. Sie erledigte stets das, was ich ihr auftrug, ohne Murren, ohne Widerworte. Ich musste ihr nie erklären, weshalb sie Zähne putzen, ins Bett gehen, Klavier üben, den Tisch decken sollte – sie tat es einfach. Es schien, als würde sie all diese Aufgaben mit ihrem Intellekt erfassen, abwägen und erledigen, weil es ihr vernünftig schien. Bis heute in Erinnerung blieb mir ihr Aufenthalt im Berner Inselspital, der mich noch immer berührt.

Dolly war drei Jahre alt. Sie hatte eine schwere Infektion knapp überlebt. Zum Pseudokrupp war eine Lungentuberkulose hinzugekommen. Da Tuberkulose ansteckend ist, wurde Dolly im Krankenhaus in einem Einzelzimmer in Quarantäne untergebracht. Ein Albtraum für ein kleines Kind – und seine Eltern. Ich besuchte Dolly so oft wie möglich. Doch da ihr kleiner Bruder gerade auf die Welt gekommen war, musste sie dennoch viel Zeit allein verbringen, gerade abends und des Nachts. Genau genommen war sie viel zu klein, um allein zu bleiben. In diesem Alter weinen Kinder bereits, wenn ihre Bezugsperson kurz das Zimmer verlässt, erst recht wenn sie an einem fremden Ort schlafen müssen, allein, ohne Eltern. Doch Dolly war anders. Wenn ich das Krankenzimmer verließ und ihr zurief: »Mama kommt bald wieder«, schien es, als würde sie spüren, dass ich die Wahrheit sagte. Dieses Versprechen meinerseits reichte ihr. Die Krankenschwestern erzählten mir staunend jeden Morgen aufs Neue, Dolly habe nicht geweint. Sie sei guter Dinge.

Im Laufe ihrer Kindheit wurde mir irgendwann bewusst: Dolly verfügt über Fähigkeiten, die ich nicht besitze. Das einzugestehen, fiel mir nicht leicht. Anzeichen dafür hatte ich verdrängt. Als Kleinkind war Dolly nachts häufig aufgewacht und hatte uns von ihren Visionen erzählt. »Albträume, ganz normal«, hatte ich mir gesagt. Doch die Ereignisse, die sie vorausgesagt hatte, traten immer häufiger ein. Lange wollte ich mir weismachen, das wären Zufälle. Doch als sie mir schließlich erzählte, sie spreche mit ihrem Urgroßvater, war ich ernsthaft besorgt. Die Geister meiner eigenen Vergangenheit hatten mich eingeholt. Was ich lange verdrängt hatte, kam hoch: Auch ich sah als Kind einige Male Verstorbene. Mich ängstigte das sehr. Ich erzählte meinen Eltern davon, die entsetzt waren und mir verboten, darüber zu sprechen. Also verdrängte ich alles, was ich erlebt hatte. Und so wurden die Besuche aus dem Jenseits eingestellt. Erst viel später, als ich Dolly nach England zu ihrer Ausbildung im Arthur Findlay College begleitete, erfuhr ich, dass die geistige Welt aufhört, sich zu zeigen, wenn sie ignoriert wird. Damals schöpfte ich Mut, meine vergessenen Fähigkeiten wieder hervorzuholen und zu schulen. Meine Gabe ist jedoch nicht annähernd so groß wie die von Dolly.

Etwas Weiteres aus Dollys Kindheit möchte ich an dieser Stelle erzählen. Auch wenn es mir schwerfällt und ich nicht gern an diese Zeit zurückdenke. Doch diese Geschichte zeigt, wie fürsorglich, selbstlos und aufopfernd Dolly bereits damals war. Nicht nur ihrer Familie gegenüber, sondern jedem, der sich an sie wandte. Ich weiß nicht, was ich damals ohne sie gemacht hätte. Es war 1986. Mein linker Arm hatte plötzlich zu schmerzen begonnen, und irgendwann konnte ich ihn nicht mehr bewegen. Ich hatte Tag und Nacht Schmerzen, konnte die einfachsten Hausarbeiten nicht mehr erledigen, mich nicht mehr anziehen, nicht mehr Auto fahren. Kein Arzt fand eine Erklärung dafür. Dolly war damals elf. Ungeachtet ihres Alters nahm sie mir die gesamte Hausarbeit ab: Sie weckte ihren Bruder, machte Frühstück, kochte das Mittagessen vor, half ihrem Bruder bei den Hausaufgaben, wusch, putzte, bügelte, ging einkaufen und machte ihre eigenen Hausaufgaben. Während die anderen Kinder spielten, erledigte sie alles ganz selbstverständlich, drei Jahre lang. Mein Mann konnte ihr beziehungsweise mir nicht helfen, da er bei der Arbeit war. Irgendwann war ich kurz davor, etwas Unüberlegtes zu tun und meinem Leiden ein Ende zu setzen. Zu allem Elend hatte ich von einem Neurologen auch noch die Diagnose gestellt bekommen, ich sei ein Hypochonder. Er empfahl mir, einen Psychiater aufzusuchen.

Dann geschah das Wunder. Dolly schleppte mich zu einem Sportarzt aus Huttwil. Sie hatte sich, wie schon oft, beim Leichtathletiktraining verletzt. Das Band am Knie war gerissen, nun musste sie zur Kontrolle. Wir saßen im Wartesaal, als Dolly mir zu beichten begann, weshalb ich unbedingt zu diesem Termin hatte mitkommen müssen. Nicht zu ihrer Unterstützung, wie ich angenommen hatte, sondern aufgrund einer Eingebung, die sie gehabt hatte. Der Sportarzt könne mir helfen, war sie überzeugt. Sie habe ihn bereits gebeten, mich zu untersuchen. Es war also ein abgekartetes Spiel, dämmerte es mir. Doch nach all den Spezialisten, bei denen ich bereits war, hatte ich die Nase voll von Ärzten. Und ich fragte mich, weshalb mir ausgerechnet ein Sportarzt helfen können sollte, wenn all die Spezialisten versagt hatten. Aber Dolly blieb hartnäckig. Sie flehte, bettelte und drohte. Irgendwann gab ich nach.

Und tatsächlich, nach einer kurzen Untersuchung hatte der Sportarzt einen Verdacht: eine Verengung des Plexus brachialis. Die oberste Rippe unter dem Schlüsselbein würde auf die Gefäße drücken, und so sterbe mein Arm langsam ab. Drei Tage später bestätigte ein Professor in Bern, zu dem mich der Sportarzt überwiesen hatte, seinen Verdacht. Ich wurde operiert; die Rippe wurde entfernt. Meine Schmerzen waren wie weggeblasen.

Bis heute habe ich ein schlechtes Gewissen wegen dieser Zeit. Viel zu früh musste Dolly Verantwortung übernehmen. Doch ich bin ihr sehr dankbar für ihre Unterstützung – ohne sie hätte ich es nicht geschafft.

Die alte Frau im Zug

Ich bin überzeugt davon, dass es Ereignisse im Leben eines jeden Menschen gibt, die vorbestimmt sind. Sie verändern den Lauf unseres Lebens. Nichts ist danach mehr so, wie es einmal war. Es ist ein Richtungswechsel, der gut und bedeutsam ist, auch wenn wir nicht immer gleich den Sinn davon erkennen.

Wir haben drei Möglichkeiten, auf Ereignisse zu reagieren: Wir nehmen unser Schicksal an und schlagen dadurch den leichten Weg ein. Sträuben wir uns hingegen, wählen wir einen mittelschweren oder einen schweren Pfad. Denn sicher ist: Das, was uns vorbestimmt ist, wird eintreffen. Ob wir es annehmen oder nicht.

Man kann es mit einer Reise vergleichen. Einer Reise an einen Ort, wo wir etwas Wichtiges erledigen sollten, der Zeitpunkt aber nicht bestimmt ist. Wir können über die Autobahn auf direktem Weg da hinfahren oder einen beschwerlicheren Weg über die Landstraße nehmen. Wir können das Unterfangen auch ganz ablehnen oder mittendrin umkehren. Doch so sehr wir uns auch sträuben, das Leben wird uns immer wieder daran erinnern, dass die Reise eigentlich wichtig wäre, und jedes Mal den Druck erhöhen, bis wir sie endlich machen. Ich wählte wohl einen mittelschweren, steinigen Weg, denn ich wehrte mich lange dagegen, meine Bestimmung anzunehmen.

Mein Leben nahm eine Wendung, als ich siebzehn war. Ich hatte gerade das Musikkonservatorium abgebrochen und eine Lehre als Anwaltsassistentin begonnen. Meine Chefin war nicht nur eine glänzende Juristin, sie war auch eine großartige Arbeitgeberin und Freundin; jeden Tag lernte ich etwas Neues dazu. Sie staunte immer wieder, wie gut ich mit schwierigen Klienten umgehen konnte, und riet mir mehrmals, ich solle Psychologie studieren. »Später vielleicht«, gab ich ihr dann zur Antwort.

Das Arbeitsleben bereitete mir Freude, der Rest meines Alltags hingegen bedrückte mich immer mehr. Konnte ich in meiner Kindheit nur meinen Urgroßvater sehen, tauchten, seit ich etwa fünfzehn Jahre alt war, immer häufiger unbekannte Geistwesen auf. Aus dem Nichts heraus standen sie vor mir. Sie blitzten vor meinen Augen auf, sprachen nicht und verschwanden nach einiger Zeit wieder. Es passierte überall, zum Beispiel im Zug, im Restaurant, im Büro, während eines Rockkonzerts. Meist dauerte es eine Weile, bis ich überhaupt realisierte, ob es sich um einen Menschen oder um ein Geistwesen handelte. Es kam vor, dass ich mich im Zug hinsetzte, mein Gegenüber grüßte und erst wegen der verwunderten Reaktionen anderer Fahrgäste merkte, dass ich meinen Gruß an jemanden gerichtet hatte, den nur ich sah. Ich erinnere mich an ein Rockkonzert, das ich zusammen mit einer Freundin besuchte. In der Pause flüchtete ich panisch aus der Halle, da ich nur noch Geistwesen rund um mich herum sah und glaubte, verrückt zu werden.

Am meisten Angst hatte ich, wenn Verstorbene in der Nacht auftauchten. Bestimmt ist es nicht schwierig, nachzuvollziehen, was für ein Schrecken mir in die Knochen fuhr, wenn kurz vor dem Einschlafen die Umrisse eines Geistes zu sehen waren. Da war an Schlaf nicht mehr zu denken.

Damals wusste ich nicht, dass mir die Geistwesen nichts tun wollten. Sie nutzten vielmehr die Möglichkeit, mit mir in Kontakt zu treten, da ich sie ja sehen konnte. Ich verfügte jedoch nicht über die Technik, um mit ihnen klar kommunizieren zu können. Sobald sie das merkten, verschwanden sie auch wieder. Diese Ereignisse ängstigten mich, da ich nicht einordnen konnte, was ich gesehen hatte und wie ich damit umgehen sollte. Ich wusste einfach zu wenig darüber, wusste nicht, dass es meine medialen Fähigkeiten waren, die sich allmählich manifestierten.

Das begann sich an jenem Tag zu ändern, als ich auf dem Weg in die Berufsschule im Bummelzug nach Langenthal saß. Da ich für eine anstehende Prüfung Französisch lernen musste, interessierte ich mich nicht groß dafür, was um mich herum geschah. Wie ich später feststellte, hatte mir gegenüber eine ältere Frau Platz genommen. Sie war einfach gekleidet, mit langem Rock und einer Strickjacke. Die Frau hatte mich wohl schon längere Zeit angestarrt. Als ich mein Buch zuklappte, sprach sie mich an: »Meitli, du hast das Gefühl, du wärst nicht normal. Aber ich kann dir versichern, du bist normaler als viele andere. Du besitzt eine Gabe, und du musst lernen, damit umzugehen.« – »Wie kommen Sie darauf?«, fragte ich erschrocken. »Ich sehe das«, erwiderte die Frau und drückte mir eine Visitenkarte in die Hand. »Sie kann dir helfen.« Die Frau stand auf und verließ den Zug. Für einen Moment starrte ich regungslos auf die Karte, dann erst realisierte ich, dass die Frau gegangen war, und rannte ihr hinterher. Von der Zugtür aus sah ich noch, wie sie den Bahnsteig entlangging. Ich rief ihr hinterher, winkte, doch sie drehte sich nicht um und verschwand im Dunkel der Bahnhofsunterführung. Ich ging zurück auf meinen Platz und las erst jetzt, was auf der Visitenkarte in meiner Hand stand: »Astropsychologische Lebensberatung«, der Name einer Frau sowie eine Telefonnummer. »Astropsychologie?«, fragte ich mich. Ich hatte nie davon gehört, konnte mir nichts Konkretes darunter vorstellen. Daheim zeigte ich die Karte meiner Mutter. Sie gab mir den Rat, dort anzurufen: »Versuch es, was kann schon passieren?«

Eine Woche später saß ich in einer kleinen, lichtdurchfluteten Wohnung in Roggwil. Esther, so hieß die Frau, war eine gut gekleidete, eloquente Mittdreißigerin und glich so gar nicht den »Hokuspokus-Tanten« mit Glaskugeln aus meiner Vorstellung. Sie bot mir das Du an und erklärte, sie werde zuerst mein astrologisches Diagramm zeichnen. »Geburtsdatum, Zeit und Ort, bitte?« Je länger sie das Diagramm betrachtete, das sie erstellt hatte, desto mehr wuchs ihr Interesse an mir. Irgendwann sah sie mich durchdringend an und sagte: »Dein Horoskop zeigt, dass du große mediale Fähigkeiten hast, weißt du das?« – »Nein, woher auch?«, antwortete ich leicht gereizt. »Ich war noch nie bei einer Astrologin.« – »Es geht hier nicht nur um Astrologie«, antwortete Esther, »ich kann auch zu Verstorbenen Kontakt herstellen.«

Mein Puls schlug schneller. »Sieht sie wirklich Verstorbene?«, fragte ich mich. »Womöglich die gleichen wie ich? Bin ich doch nicht abnormal?« Zig Fragen schossen mir durch den Kopf. Esther saß ruhig und konzentriert in ihrem Stuhl. Es dauerte eine gefühlte Ewigkeit, bis sie wieder anfing zu sprechen. Sie sehe einen alten Mann, sagte sie und begann, ihn zu beschreiben. Schnell wurde klar: Esther beschrieb meinen Urgroßvater Jakob. Auch ich sah ihn. Er war kurz zuvor im Raum erschienen und stand neben Esthers Stuhl. Wir sahen beide Urgroßvater Jakob, wie er lächelnd bei uns im Zimmer war! Ein zentnerschwerer Stein fiel von meinem Herzen. Ich war überwältigt. Endlich war da jemand, der die Geistwesen sah, so wie ich. Ich war nicht allein. Ich war nicht verrückt.

»Ich habe noch eine Botschaft von ihm an dich«, sagte Esther dann. »Dein Urgroßvater wollte auf dich aufpassen, darum war er während deiner Kindheit so oft bei dir. Und er sagt, du sollst deine Fußgelenke schonen, sie sind deine Schwachstelle.«

Als ich zu Hause ankam, fühlte ich mich noch immer wie in Trance. Ich war dankbar, glücklich und bestürzt. Wie Schuppen fiel es mir von den Augen: Es musste einen Gott geben. Logisch. Wieso hatte ich nicht schon viel früher daran geglaubt? Obwohl ich meinen Urgroßvater von klein auf sehen konnte, zweifelte ich an einem Leben nach dem Tod. Auf einmal wusste ich: Vieles von dem, was ich immer geleugnet hatte – die biblische Geschichte, die Zehn Gebote, die Auferstehung –, das alles war vielleicht wahr. Es ergab einen Sinn. Dann fielen mir in diesem Zusammenhang viele kleine Sünden ein, die ich begangen hatte und für die ich mich nun schämte. Ich kam zu dem Entschluss: Ich muss ein besserer Mensch werden. Ich würde zwar nicht öfter in die Kirche gehen, nein, was ich fühlte, hatte nichts mit der Institution zu tun. Doch von nun an wollte ich die Gebote ernst nehmen, weniger an mich denken und mehr für andere tun. Mein Weltbild war ins Wanken geraten. Und begann sich nun neu zusammenzusetzen.

Training mit Esther

Die Sitzung mit Esther hatte mein Leben verändert. Mir waren drei Dinge bewusst geworden: Erstens, ich war nicht verrückt. Zweitens, es gab Geistwesen. Drittens, es existierte ein Leben nach dem Tod. Meine Gabe empfand ich noch immer als Fluch. Ich wollte normal sein wie alle anderen Teenager auch. Ich hatte die Nase voll von Geistwesen, die mich Tag und Nacht belästigten, wie es ihnen gerade passte, ohne Ankündigung, ohne mit mir zu kommunizieren. Für mich stand deshalb fest: Ich wollte meine Gabe ausschalten, loswerden.

Doch mir war auch klar: Dafür benötigte ich mehr Wissen. Also begann ich, mich mit dem Thema Medialität zu beschäftigen. Ich las jedes Buch, das mir in die Finger kam. Ich besuchte Vorträge damals bekannter Autoren und Medien, von Menschen also, die Kontakt zur geistigen Welt hatten, wie dem ursprünglich aus Böhmen stammenden Schweizer Rudolf Passian oder dem Deutschen Kurt Tepperwein. Und ich nahm an einem von Esther geleiteten Zirkel teil. Es war eine Art Erfahrungsaustausch in einer Übungsgruppe, der alle vierzehn Tage stattfand und zum Ziel hatte, die eigenen medialen Fähigkeiten zu entdecken und zu fördern. »Auch der talentierteste Sportler muss lange trainieren, bevor er sein Können umsetzen kann«, pflegte Esther zu sagen.

Am Anfang fühlte ich mich unwohl dort. Das erste Mal hätte ich am liebsten rechtsumkehrt gemacht, sobald ich sah, dass die Teilnehmer zwischen fünfzig und achtzig Jahre alt waren. Ich war damals achtzehn. Zu meiner Überraschung lächelten mir aber alle freundlich zu und waren hilfsbereit, sodass sich meine Anspannung allmählich legte. Zumindest bis Esther ankündigte, nun käme »eine anspruchsvolle Übung«. Das war bei unserem dritten Zirkel-Treffen. Es war ein lauer Frühlingsabend, die Sonne ging langsam unter. Wir saßen erwartungsvoll auf unseren Stühlen im Kreis rund um Esther. Sie reichte ein Couvert in die Runde, in das sie zuvor ein Foto gesteckt hatte. Nun forderte sie uns auf, zu erspüren, wer oder was auf diesem Foto abgebildet sei. »Völlig unmöglich!«, sagte ich mir. Die anderen Teilnehmer schienen gelassener zu sein. Einer nach dem anderen begann zu erzählen, was er auf dem Bild sah. Jeder etwas völlig anderes. Meine Strategie hatte ich rasch parat: Ich erzähle nichts, dann kann ich auch nichts falsch machen.

»Ich habe nichts gesehen«, flüsterte ich leise in Esthers Richtung, als ich an der Reihe war. Ich traute mich kaum, einen Blick in die Runde zu werfen. »Ich weiß, dass du etwas gesehen hast«, versuchte mich Esther zu ermuntern. Auch der nette alte Herr neben mir sprach mir Mut zu. Also überwand ich meine Scheu und sagte: »Es macht überhaupt keinen Sinn, was ich gesehen habe – einen Ferrari auf einem Fußballplatz und daneben einen Mann.« Esther blickte mich lange und eindringlich an. »Es ist unglaublich«, sagte sie dann, »ohne die Technik zu kennen und ohne je geübt zu haben, hast du alles richtig gesehen.« Sie zeigte uns das Foto, auf dem ein Freund von ihr abgebildet war. Er war Fußballtrainer,

OK-Präsident eines Fußballklubs und ein leidenschaftlicher Sammler von Ferrari-Modellen. Ich hatte die wichtigsten Informationen, die mit dem Foto zusammenhingen, wiedergegeben. Als Einzige in der Runde.

Ein Jahr lang besuchte ich das Training in Esthers Zirkel. Während dieser Zeit lernte ich, mit den Erscheinungen, die ich hatte, in der Fachsprache Geistwesen, zu sprechen. Ein Meilenstein für mich. Bislang war ich »nur« hellsichtig gewesen. Während meiner gesamten Kindheit konnte ich Geistwesen zwar wahrnehmen, jedoch nicht klar und regelmäßig mit ihnen kommunizieren. Selbst im Kontakt mit meinem Urgroßvater war das oft schwierig. Esther fühlte, dass ich neben meiner Hellsichtigkeit auch hellhörig und hellfühlend bin *(siehe auch: »Wie Medialität funktioniert«, Seite 151)*. Sie zeigte mir, wie ich diese Fähigkeiten, die so lange in mir brachgelegen hatten, hervorholen und nutzen konnte. Ich fühlte mich wie ein Kind, das sprechen lernt. Eine völlig neue Welt tat sich vor mir auf. Während viele im Zirkel jahrelang üben mussten, um ein Geistwesen zu sehen, hatte ich von jeher »eine permanente Standleitung zum Jenseits«. Ich musste nicht üben, ich konnte es einfach. Nur eines gelang mir noch immer nicht, das, was mir am wichtigsten war: meine Wahrnehmungen auszuschalten. Ich wollte das nicht, doch noch immer bekam ich zu jeder Tages- und Nachtzeit Besuche von Verstorbenen. Viele der Kursteilnehmer beneideten mich um diese Gabe. Ich jedoch war zutiefst unglücklich damit.

Lehrjahre in »Hogwarts«

»Du hast viel gelernt«, sagte Esther eines Tages zu mir. »Du hast einen Punkt erreicht, an dem ich dir nichts mehr beibringen kann. Du solltest nach England gehen.« Sie meinte damit das Arthur Findlay College, eines der weltweit führenden Ausbildungszentren für Medialität. Der Unternehmer und Spiritist Arthur Findlay vermachte das College vor rund fünfzig Jahren der Nationalen Spiritualisten-Union, mit der Auflage, ein Institut zur Förderung paranormaler Wissenschaften einzurichten. Mehrere hundert Studenten aus aller Welt werden dort jährlich ausgebildet. In einem angegliederten Heilungszentrum können sich Kranke kostenlos behandeln lassen (was den Heilungsprozess fördern soll, einen Arzt jedoch nicht ersetzen kann).

Ich war mir nicht sicher, ob meine Fähigkeiten ausreichen für dieses Elite-College, auch wenn Esther überzeugt davon war. Trotzdem buchte ich im Juni 1994 einen einwöchigen Kurs. Ich wollte endlich meine Gabe ausschalten können. Am liebsten für immer. Ich wollte schlafen gehen können, ohne dass mir ein Geistwesen erschien. Ich hatte das Ziel, als »normaler« Mensch aus England zurückzukehren.

Meine Mutter begleitete mich zum Glück, denn ich war skeptisch. Je länger ich über diesen Kurs nachdachte, desto mehr zweifelte ich am Erfolg des Unterfangens. Deshalb war ich froh, dass sich meine Mutter sofort bereit erklärt hatte, mitzukommen. Mein Vater unterstützte mein Vorhaben wie immer und witzelte: »Meine Hexen reisen nach England.« Er hoffte wohl auch, dass meine Mutter wieder einen natürlichen Umgang mit ihrer eigenen Medialität finden würde.

Esther war zwar eine großartige Lehrerin, doch auch sie hatte mir nicht beibringen können, wie ich meine Fähigkeiten ausschalten konnte. Weshalb also sollten die Lehrer in England wissen, wie das ging? Am Flughafen wurden meine Vorurteile bestätigt. Die Teilnehmer aus der Schweiz – ich hatte eine »Swiss Week« gebucht, in der nur Leute aus dem deutschsprachigen Raum zugelassen waren – sahen aus wie Zauberlehrlinge aus einem »Harry Potter«-Film. In ihren Jesussandalen, den Pumphosen und den meterlangen Schals, die sie um sich herum gewickelt hatten, fielen sie schon von weitem auf. »So wie die will ich auf keinen Fall werden«, knurrte ich meine Mutter an und stellte mich demonstrativ weit entfernt von dem ausgeflippten Grüppchen hin. Ich bereute zutiefst, eine ganze Woche Ferien für dieses verrückte Unterfangen geopfert zu haben.

Am Nachmittag hatten wir unser Ziel erreicht: Stansted Hall, eine kleine Ortschaft, rund eine Stunde von London entfernt. Als wir aus dem Bus stiegen, staunten wir nicht schlecht. Die Schule befand sich in einem imposanten Schloss aus dem 17. Jahrhundert mit zahlreichen Türmchen und Zinnen sowie einem großen Schlossgarten. Ehrfürchtig betraten wir das Innere. Der alte Holzbohlenbelag knarrte, über den riesigen Fenstern hingen wuchtige Samtvorhänge, in den Bibliotheken standen Tausende alter Bücher unter

Verschluss, während Schüler auf braunen Leder-Chaiselongues Nachmittagstee tranken. Kurz gesagt: Unsere Schule im Schloss wäre der perfekte Drehort für die Hogwarts-Hexenschule der »Harry Potter«-Romane gewesen.

Am nächsten Tag begann der Unterricht. 7.00 Uhr Meditation, 8.30 Uhr Frühstück, 9.30 Uhr mediale Arbeit in Gruppen. Ein wenig verloren saß unser Grüppchen von zwanzig Studenten im »Lecture Room«, einem Saal, der gut und gern hundert Personen hätte fassen können. Unsere Lehrerin stellte sich als Janet Parker vor, eine blonde Britin, elegant, mit strahlend grünen Augen. Ich hatte in der letzten Reihe Platz genommen und hoffte, nicht aufzufallen, geschweige denn für eine Demonstration nach vorn geholt zu werden. Doch ich hatte Pech. Die Ausbilder an diesem College gehören zu den besten der Welt und haben alle außergewöhnliche Fähigkeiten. Sie erkennen, welche Schüler begabt sind, und fördern diese gezielt.

Janet wählte mich aus. Ihr Auftrag: Ich sollte eine Botschaft von einem Verstorbenen übermitteln, der sich mir zeigen würde. Alle Augen waren auf mich gerichtet. Panik stieg in mir hoch. »Mach einfach das, was du bei Esther gelernt hast«, versuchte ich mich zu beruhigen. Wenige Sekunden später sah ich einen Mann im Saal, den ich vorher nicht wahrgenommen hatte. Er musste ein Geistwesen sein. Ich begann, mit ihm zu kommunizieren. Es war ein höflicher, zurückhaltender Brite, der mich wissen ließ, dass er der Vater von Paul Jacobs sei – einem der strengsten Lehrer des Colleges, wie sich später herausstellte. Er wollte seinem Sohn eine Botschaft übermitteln. Das teilte ich Janet mit. Doch zu meiner Verwunderung schüttelte sie den

Kopf. »Das kann nicht sein«, sagte sie, »du irrst dich.« Bestimmt hatte sie recht. Also fragte ich nach – und wiederholte dann: »Ich sehe Paul Jacobs' Vater. Er macht sich Sorgen um seinen Sohn, es geht um seine Lunge.« Doch Janet glaubte mir nicht. Sie stoppte die Session und holte den nächsten Schüler nach vorn. Ich war verwirrt und enttäuscht.

Obwohl Janet meinen Ausführungen offensichtlich keinen Glauben schenkte, erzählte sie Paul Jacobs beim Mittagessen von mir. Nach der Pause kam er zu mir. Ein schlanker Mann mit Glatze, braunen Augen und bohrendem Blick. Aufrecht wie ein Gardeoffizier nahm er auf dem Ledersofa Platz. »Du hast also meinen Vater gesehen, Greenhorn?«, fragte er mich und wartete meine Antwort erst gar nicht ab. »Es war mein Vater, denn niemand sonst weiß, dass ich kürzlich eine Lungenentzündung hatte.« Paul erzählte weiter, dass sich sein Vater so gut wie nie zeige. Außer in Notfällen. Das wisse Janet. Deshalb habe sie so ablehnend reagiert. Auch habe sie nicht gewusst, dass er, Paul, kürzlich eine Lungenentzündung gehabt habe. Er hätte längst mit dem Rauchen aufhören sollen. Wieder warf er mir einen bohrenden Blick zu. »Da scheint ja jemand großes Potenzial zu haben. Mach weiter so!« Er stand auf und verschwand. Paul war am ersten Tag meiner Ausbildung auf mich aufmerksam geworden. Ein Umstand, der mein Leben am College nicht einfacher machen sollte.

Ich ging in mein Zimmer und dachte darüber nach, was gerade geschehen war. Die Ruhe tat mir gut. Ebenso wie die Wirkung, die dieses Schloss auf mich hatte. In den Gängen, in den Räumen, überall hatte ich das Gefühl, von einer Macht umgeben zu sein, die viel größer war als ich. Es war eine Liebe, die allgegenwärtig schien, die einen umhüllte und vereinnahmte. Ich fühlte, hier war ich angekommen. Ich wurde demütig und ehrfürchtig, und ich begriff, wie klein wir Menschen doch sind und mit wie viel Liebe wir von etwas, was ich als Gott oder Übergeordnetes empfand, und der geistigen Welt beschenkt waren. Auch wenn wir diese Liebe meist gar nicht bemerken oder an uns heranlassen wollen.

21.00 Uhr. Die Unterrichtsstunden waren vorbei. Die Kursteilnehmer hatten es sich an der kleinen Bar gemütlich gemacht, die Stimmung war heiter. Wir unterhielten uns ausgelassen und ließen den Tag noch einmal Revue passieren. Jemand aus unserer Gruppe, er hatte sich als Opernsänger der Wiener Staatsoper entpuppt, gab spontan eine Arie zum Besten. Etliche Ständchen später saß ich noch immer an der Bar. Nicht ahnend, was an diesem Abend noch auf mich zukommen würde, entschuldigte ich mich kurz bei den andern, um ein Foto aus meinem Zimmer zu holen, das ich ihnen zeigen wollte. Ich lief die schmale Steinstiege hoch, holte das Bild und machte mich auf den Rückweg. Da passierte es: Aus dem Nichts heraus schwebte plötzlich eine Dame die Treppe hoch. Sie war durchsichtig, hatte ein Rüschennachthemd an, darüber einen rosa Morgenmantel, an ihren Füßen Pantoffeln. Zielstrebig schwebte die Lady durch mich hindurch – und ignorierte mich dabei völlig. Für den Bruchteil einer Sekunde spürte ich ihre Energie. Entgeistert drehte ich mich um und sah, wie der Geist durch die Mauer verschwand. Ich war zu Tode erschrocken. Langsam und vorsichtig schlich ich die Treppe hinunter zu den andern zurück.

»Du hast sie gesehen, gell?«, fragte mich Janet schelmisch grinsend, als ich zurück an die Bar kam. Es war eher eine Feststellung als eine Frage. Sie konnte nicht nachvollziehen, weshalb mich das so erschreckt hatte. »Janet«, sagte ich gereizt, »ich sehe zwar seit vielen Jahren Geistwesen. Doch nie, wirklich niiie, ist ein Geist durch mich hindurchspaziert! Ich spürte seine Energie. Also wenn das nicht gruselig ist, was dann?«

Janet erzählte mir, dass das Geistwesen, das ich gesehen hatte, regelmäßig durch die Gänge spuke. Vor mehr als hundert Jahren habe die Dame in dem Schloss gewohnt. Nun käme sie ab und an vorbei, sehe nach dem Rechten, erschrecke dabei ungewollt ein paar Kursteilnehmer und verschwinde wieder.

Die Lehrer fanden das lustig. Ich ganz und gar nicht. Ich war stocksauer, dass sie das so wenig bekümmerte – zumal ich seit je sehr schreckhaft war. Ich nahm mir vor, in Zukunft besser aufzupassen und nie mehr einen Geist durch mich hindurchspazieren zu lassen. Ich wollte nicht deshalb irgendwann einen Herzinfarkt riskieren.

Am nächsten Morgen ging es mir wieder besser. Trotz all meiner Bedenken, die ich noch immer hatte, sprang ich voller Tatendrang aus dem Bett. Ich hatte Hoffnung geschöpft, hier vermittelt zu bekommen, wie ich die Verbindung zu den Geistwesen ausschalten konnte. Ich wollte keinen einzigen der Kurse verpassen, und es gab keine Technik, die ich nicht lernen wollte. Ich war fasziniert von den Möglichkeiten, die sich auf einmal vor mir auftaten, den Fähigkeiten, die hier vermittelt wurden. Dazu gehörte auch Telekinese – das Bewegen von Gegenständen durch Geisteskraft. Telekinese ist eine Form von Spiritualität, die heute kaum mehr genutzt wird, da sie im Grunde niemandem etwas bringt.

Wieder einmal saßen wir in der alten Bibliothek, und wir Schüler wurden angewiesen, uns zu konzentrieren. Wir sollten unsere Energie gebündelt auf einen Gegenstand übertragen. Ich hatte einen Bleistift gewählt und fokussierte ihn, hoch konzentriert. Zehn Minuten vergingen, zwanzig, eine halbe Stunde – nichts geschah. Den anderen ging es ebenso. Der Lehrer wies uns an, die Übung jeden Tag zu wiederholen. Was ich auch tat. Und siehe da, am vierten Tag klappte es: Der Bleistift rollte mit einem Mal über den Tisch. Es war, als hätte ein Windhauch ihn angestoßen. Ich war begeistert und erstaunt über mich selbst. Wieder zu Hause, übte ich die Technik noch ein paar Monate lang. Es ist jedoch keine Fähigkeit, auf die ich besonders stolz wäre oder die ich heute aktiv trainiere, sondern vielmehr eine Spielerei. Sie benötigt viel Energie und mentalen Kraftaufwand, bringt hingegen keinen Nutzen. Was ich aber regelmäßig praktiziere, um meinen Schülern zu demonstrieren, welch enorme Energie jeder von uns freisetzen kann, wenn man nur will und mental offen ist, ist das Löffelbiegen. Löffelbiegen ist eine Sonderform der Telekinese, die mit der entsprechenden Anleitung und Konzentration ohne viel Übung umgesetzt werden kann und keine mediale Veranlagung voraussetzt.

Nicht jeder Tag am College war eitel Sonnenschein, und ich realisierte bald, weshalb Paul Jacobs der gefürchtetste Lehrer war und alle mindestens Respekt vor ihm hatten. Er war zynisch und launisch. Zuckerbrot gab es bei ihm nicht, nur die Peitsche. Und das täglich. »Du hast überhaupt keine Fähigkeiten, geh nach Hause!«, konnte er einen Schüler anbrüllen und ihn vor die Tür schicken wie ein kleines Kind. »Hoffnungslos!«, rief er ihm nach. Auch bei mir machte er keine Ausnahme. Immer wieder keifte er mich an: »Benimm dich nicht wie ein Anfänger« – obwohl ich ja genau das war. »Sei schneller, sei besser, sei präziser. Furchtbar! Grauenvoll! Stoppen wir das Trauerspiel!« Kurzum: Paul konnte mich zur Weißglut treiben. Mehr als einmal rannte ich nach einer Lektion bei ihm wütend in mein Zimmer, packte die Koffer und wollte heimfahren. Irgendwie schaffte es meine Mutter aber stets, mich zu beruhigen. Am Abend dann: verkehrte Welt. Paul kam an die Bar, als wäre nichts passiert. Er drückte mich und verkündete vor versammelter Mannschaft: »Das ist meine beste Schülerin.«

Endlich war es so weit, nach viel Schweiß, Tränen und harter Übung hatte sich mein größter Wunsch erfüllt: Ich konnte ausschalten. Das machte mich überglücklich. Natürlich hatten auch Janet und Paul diese Entwicklung mitverfolgt. Sie baten mich zu einem Gespräch in der Bibliothek. »Setz dich«, sagte Janet. Sie selbst stellte sich mit ernster Miene vor mich hin: »Dolly, du bist sehr talentiert. Ich weiß, dass du deine Gabe loswerden willst. Mach das nicht, lerne, mit ihr umzugehen!« Paul nickte zustimmend. Ich war froh, dass er sich zurückhielt. Gleichzeitig war ich gerührt, dass die beiden hochdekorierten Lehrer mich für so talentiert hielten. »Überlege dir nur, wie vielen Menschen du damit helfen kannst«, gab mir Janet noch mit auf den Weg, bevor sie gemeinsam mit Paul den Raum verließ. Ich blieb allein mit meinen Gedanken zurück. Und langsam dämmerte mir: Die beiden könnten recht haben. Vielleicht war meine Gabe doch kein Fluch? Und dass ich Menschen helfen könnte, ich – daran hatte ich noch nie gedacht …

In den folgenden Jahren war ich noch viele Male im Arthur Findlay College. Immer wieder bot sich mir die Gelegenheit, von prominenten Lehrern aus aller Welt zu lernen. Paul wurde mit der Zeit ein guter Freund. Ich lernte seine liebenswürdige Seite kennen, seine Aufopferung für andere, seinen Humor. Er besuchte mich regelmäßig, wenn er für eine Demonstration oder einen Vortrag in der Schweiz war. Wir haben schon bis vier Uhr in der Früh irgendwo in einer Zürcher Bar getanzt. War ich wiederum in England, stellte er mich gern als »das beste Medium der Schweiz« vor. Woraufhin alle Augen auf mich gerichtet waren und ich mit Fragen bombardiert wurde: Was ich machte, wie ich es machte, warum ich es so machte. Dabei war ich gekommen, um neue Techniken auszuprobieren und in Ruhe üben zu können. Doch alle meine Einwände prallten an Paul ab. Ebenso wie meine Empfehlung an ihn, im Unterricht doch ein wenig diplomatischer zu sein. »Diplomatie ist etwas für Weicheier«, meinte er nur. Irgendwann verloren wir uns aus den Augen – jeder auf seiner eigenen Reise.

Erinnerungen meiner Freundin

Eva Gössi, 46, Mentaltrainerin für Kinder und Jugendliche

Es klingt vielleicht eigenartig, aber ich war in all den Jahren, seit ich Dolly kenne, noch nie in einer Sitzung bei ihr. Ich brauche das nicht. Für mich ist alles geklärt mit meinen Lieben, die gegangen sind. Im ersten Jahr, als wir uns kennen lernten, wusste ich gar nicht, dass Dolly ein Medium ist. Auch war Medialität kein Thema, über das wir diskutiert hätten, wenn wir uns sahen.

Ich begegnete Dolly 2004 zum ersten Mal. Es war frühmorgens, ich stand im Pyjama mit dem Gartenschlauch in der Hand vor unserem Haus und goss die Blumen, als ein elegant gekleidetes Paar das Nebenhaus besichtigte, das zum Verkauf stand. Dolly war hochschwanger, sie begrüßte mich freundlich und ignorierte dezent mein Outfit. Im Oktober zog das Paar in das Haus ein, im Dezember bekam Dolly ihre erste Tochter. Wir waren uns sympathisch und trafen uns bald regelmäßig. Mein Sohn war nur ein paar Monate älter als Dollys Tochter, unsere Kinder spielten gern zusammen und freundeten sich an, ebenso wie unsere Männer. Später wurde ich Gotte von Dollys Sohn.

Lange Zeit wusste ich von Dolly nur, dass sie vor ihrer Schwangerschaft in einem Büro gearbeitet hatte. Als sie mir irgendwann eröffnete, dass sie mit Verstorbenen kommunizieren könne und als Medium arbeite, war ich erstaunt und regelrecht sprachlos. »Komisch, was sie mir da erzählt«, dachte ich bei mir, fragte aber nicht nach. Es fühlte sich seltsam an, doch es war nicht völlig abwegig. Ich konnte mir unter diesem Thema einfach nichts vorstellen. Am Abend erzählte ich meinem Mann Dany, was ich von Dolly erfahren hatte. Er sagte nichts dazu, schüttelte nur verwundert den Kopf und lachte. Weil ich Dolly kannte und wusste, wie fest sie im Leben steht, entschied ich, mich einfach von dem überraschen zu lassen, was noch kommen würde. An unserer Freundschaft würde sich sowieso nichts ändern. Auch als wir uns das nächste Mal trafen, fasste ich nicht nach, genauso wenig ging Dolly näher auf ihr Outing vom letzten Treffen ein. Erst über die Jahre hinweg kamen wir immer wieder mal auf das Thema zu sprechen, und so bekam ich langsam ein Verständnis dafür, was ein Medium überhaupt macht.

2005 wurde bei meiner Mutter Brustkrebs festgestellt. Relativ schnell spürte ich irgendwie, sie würde den Kampf gegen diese perfide Krankheit verlieren. Die Befunde, die sie in der Folge erhielt, bestätigten mir meine

Ahnungen. Die nächsten Monate waren sehr schwierig für mich. Dolly unterstützte mich während dieser Zeit bedingungslos. Sie sprach mir immer wieder Mut zu, war an meiner Seite, wenn ich sie brauchte, Tag und Nacht. Nie erzählte sie etwas von der geistigen Welt. Ich fragte auch nicht nach. Durch ihre Erfahrung und ihre Empathie wusste Dolly, dass ich das nicht brauchte und auch nicht wollte. Sie hat sich mir nie aufgedrängt oder mir etwas von einem Jenseits erzählt, in das meine Mutter bald gehen würde. Das wäre für mich zu viel gewesen. Ich bin ein Mensch, der vieles mit sich selbst ausmacht.

Zwei Jahre nach der Erstdiagnose starb meine Mutter. Am gleichen Abend zündete Dolly eine Kerze für sie an. Sie mache dieses Ritual immer, wenn jemand aus ihrem Umfeld gestorben sei, erzählte sie mir später. Damals wusste ich nichts davon. Am nächsten Morgen stand Dolly aufgeregt vor meiner Tür und zeigte mir die Kerze, die mittlerweile heruntergebrannt war. Ich sah eine weiße Rose aus Wachs in ihrer Hand, eine kleine Skulptur – entstanden aus einer ganz normalen Stumpenkerze, die eine Nacht lang gebrannt hatte. Das Spezielle daran: Rosen waren die Lieblingsblumen meiner Mutter gewesen. Vor ihrem Tod hatte ich ihr immer, wenn ich sie im Spital besuchte, einen Strauß mitgebracht und ihn so in ihrem Zimmer platziert, dass sie ihn vom Krankenbett aus gut sehen konnte. »Das ist ein Zeichen, dass es deiner Mutter gut geht«, sagte Dolly. Das war ihre einzige »Einmischung«, und ich konnte sie gut annehmen.

Ich behielt die Kerze als Andenken, und bis heute bin ich überzeugt davon, dass sie ein Zeichen meiner Mutter war. Dolly ließ im Anschluss die restlichen Kerzen, die sie zur selben Zeit gekauft hatte, an der gleichen Stelle, unter den gleichen Umständen herunterbrennen, doch alle waren am Ende ganz normale Stummel. Bis heute sollte keine von Dollys Kerzen jemals wieder so ein Kunstwerk werden wie jene, die sie für meine Mutter angezündet hatte.

Ich bin von der Naturwissenschaft geprägt. Meine Matura machte ich mit Schwerpunkt in den naturwissenschaftlichen Fächern. In meiner jetzigen Arbeit verwende ich ausschließlich Theorien und Ansätze, die wissenschaftlich belegt und schlüssig sind. Ich möchte für alles stets eine Erklärung haben, die ich logisch nachvollziehen kann. Das, was Dolly erzählt, ist weit entfernt davon, wissenschaftlich belegt zu sein. Trotzdem übernahm ich einiges von ihr. Und das meiste, was sie mir über das Jenseits erzählte, ergab für mich durchaus einen Sinn. Auch wenn es bis heute Punkte gibt, die für mich nicht schlüssig sind. Doch diese stellen das »große Ganze« nicht infrage.

Dolly kann gut mit Kritik umgehen, das gefällt mir. Sie schätzt es sehr, wenn jemand kritische Fragen stellt und nicht einfach alles übernimmt, was sie einem vorsetzt. Wenn ich am Anfang unserer Freundschaft mit ihr diskutierte, begannen meine Sätze oft mit: »Aber ...« Doch Dolly fand auf alle »aber«, die ich einwendete, eine Antwort. Durch sie bin ich mit der Zeit offener geworden und höre heute mehr auf mein Bauchgefühl. Ich bin überzeugt davon, dass jeder Mensch eine Seele hat, die nach dem Tod weiterlebt. Ich glaubte schon früher an ein Leben nach dem Tod, doch seitdem ich Dolly kenne, ist mir das bewusster geworden.

Etwa vor zwei Jahren verspürte ich zum ersten Mal den Wunsch, eine von Dollys Demonstrationen mitzuerleben. Auch wenn sie mir im Lauf der Zeit schon viel erzählt hatte, war es dann sehr eindrücklich, zu sehen, wie sie Informationen für im Saal anwesende Menschen empfing, über die sie nichts wissen konnte. Was mir auch gefällt an meiner Freundin, ist ihre Einstellung, dass jeder Mensch einen Kontakt zum Jenseits herstellen kann. Dolly ist nicht jemand, der meint, diese Fähigkeit für sich gepachtet zu haben oder zeigen zu müssen, dass sie außergewöhnlich sei. Sie vergleicht es mit Tennisspielen: Es gibt wenige Ausnahmetalente, die es auf Anhieb gut können und Weltklasse werden. Alle anderen brauchen mehr Training und Übung. Doch letztlich kann jeder lernen, Tennis zu spielen. Auch ich könnte einen Kontakt zum Jenseits herstellen, sagt Dolly. Doch das überlasse ich lieber ihr. Sie hat mehr Übung darin.

Über den Wolken

Mittlerweile besuchte ich in meiner Freizeit Kurse und Weiterbildungen auf der ganzen Welt. Da ich zu jener Zeit als Flight-Attendant bei einer Schweizer Airline arbeitete, flog ich beinahe gratis. Noch heute schmunzle ich darüber, wie ich zu diesem Beruf gekommen war. Verantwortlich dafür war eine Freundin. Ich hatte sie in der kaufmännischen Berufsschule kennen gelernt. Wir mochten uns, unternahmen viel in der Freizeit, gingen zusammen tanzen, hatten Spaß. Endlich, so dachte ich, hatte ich eine Freundin gefunden, die mich so mag, wie ich bin, und die bestenfalls ein Leben lang meine Freundin bleiben würde.

Sie hatte einen Traum, sie wollte Flight-Attendant werden. Auf dem Weg dorthin gab es jedoch ein Problem: die Aufnahmeprüfung. Diese war zu jener Zeit fachlich recht anspruchsvoll, zudem durfte man nur einmal antreten. Die Angst meiner Freundin, zu versagen, war riesig. Dann hatte sie die zündende Idee: Ich sollte die Prüfung machen. Im Anschluss könnte ich ihr den Inhalt erzählen, und sie würde ein halbes Jahr später, vollgestopft mit meinem Wissen, zur nächsten Prüfung antreten. Meine Einwände ignorierte sie völlig. Insbesondere jene, dass ich kein Interesse daran hatte, Stewardess zu werden. Ich war glücklich als Anwaltsassistentin. »Egal«, meinte sie und schleppte mich zu einem Vortrag einer Airline in Bern, wo man mir ein Bewerbungsformular in die Hand drückte.

Ich war gerade 21 Jahre alt geworden, als ich zum Assessment in Basel eingeladen wurde. Rund fünfzig Kandidatinnen und Kandidaten traten gemeinsam mit mir an. Der Saal war kalt, acht volle Stunden dauerte die Prüfung. »Was habe ich mir da nur eingebrockt?«, fragte ich mich. Als es Abend geworden war, schickte eine Mitarbeiterin in blauem Kostüm alle Kandidaten nach Hause, nur eine andere Bewerberin und ich sollten noch bleiben. Unsere Bewerbungsformulare seien nicht vollständig, meinte sie. Wir folgten ihr in einen großen Saal, in dem vier Personen an einem langen Tisch auf uns warteten. Die Dame in der Mitte begrüßte uns und teilte uns dann andachtsvoll mit: »Sie haben die Prüfung bestanden, Gratulation. Wann können Sie mit der Grundausbildung beginnen?« Sie zückte ihren Kugelschreiber und sah mich fragend an. Darauf war ich nicht vorbereitet. Ich stammelte etwas von Bedenkzeit und dass ich erst meinen Job kündigen müsse. Das akzeptierte sie, wenn auch widerwillig.

Verwirrt fuhr ich nach Hause. Dort zeigten sich alle begeistert über das Jobangebot, meine Mutter, meine Chefin, meine Arbeitskolleginnen. Sie sahen es als Chance für mich, die Welt zu sehen. Drei Monate nach der Aufnahmeprüfung begann ich meine Ausbildung bei der Airline.

Bleibt noch zu erwähnen: Meine damalige Freundin arbeitete nie als Flight-Attendant. Nachdem sie erfahren hatte, zu welch nachtschlafenden Zeiten ich regelmäßig zur Arbeit ging, trat sie erst gar nicht zur Aufnahmeprüfung an. Unsere Beziehung kühlte ab. Ich zog vom Emmental nach Zürich. Zum ersten Mal hatte ich das Gefühl, frei zu sein, nicht unter

Beobachtung zu stehen, der Enge des Tales und der Engstirnigkeit meiner Umgebung entkommen zu sein. Es war ein Neubeginn. Und ich war glücklich.

Sprung ins kalte Wasser

In meiner Freizeit hatte ich begonnen, für Bekannte und Arbeitskollegen mediale Sitzungen zu geben. Sie fanden in meinem Wohnzimmer statt. Ich lebte damals in Pfäffikon im Kanton Schwyz, hatte weder Visitenkarten noch eine Website. Trotzdem sprach sich schnell herum, was ich machte, und es dauerte nicht lange, bis immer mehr Menschen zu mir kamen. Je größer die Nachfrage, desto stärker wuchs in mir der Wunsch, ständig als Medium zu arbeiten.

Es war im Frühjahr 1998, als mich Roger Steiner anrief. Er war zu jener Zeit ein angesehenes Medium in der Schweiz. Roger hatte von meinen Fähigkeiten gehört und fragte mich nun, ob ich gemeinsam mit ihm in medialen Demonstrationen auftreten wolle. Ich war erstaunt und geschmeichelt zugleich über seine Anfrage. Er stand bereits seit vielen Jahren auf der Bühne, ich hingegen war eine unbekannte Anfängerin, gerade mal 23 Jahre alt und hatte von öffentlichen Auftritten nicht viel Ahnung.

Bei Demonstrationen medialer Fähigkeiten (kurz Demos) geht es darum, so schnell und präzise wie möglich die Geistwesen zu beschreiben, die sich melden. Wenn der Empfänger der Botschaft überzeugt davon ist, dass es sich bei dem Verstorbenen, den man beschreibt, um jemanden aus seiner Familie handelt und er sich meldet, hat man gut gearbeitet. Dann kann das Medium zum Nächsten übergehen. Das Ziel liegt nicht darin, eine Botschaft zu übermitteln, sondern zu zeigen, dass ein Kontakt mit dem Jenseits möglich ist. Demos können in kleinem Rahmen stattfinden oder auch in einem großen Saal mit Hunderten von Zuschauern. Nicht für jeden, der dort sitzt, wird ein Kontakt aus dem Jenseits hergestellt, das ist schon allein aus zeitlichen Gründen nicht möglich und auch nicht das Ziel. Bei den Menschen soll »ein Licht angezündet werden«, sodass sie angeregt nach Hause gehen und über den Tod nachdenken mögen. Gerade Menschen, die unsicher sind, sollen dadurch eine Vorstellung davon bekommen, wie Medien arbeiten, und so den Mut bekommen, in eine Sitzung zu gehen.

Bald klopften noch andere Medien bei mir an, wie Christoph Bürer, Herbert Kunz, Trudy Diserens, Mary, um nur einige davon aufzuzählen. Auch renommierte internationale Medien wie Bill Coller und natürlich Paul Jacobs vom Arthur Findlay College. Die Demos fanden häufig in Zürich, Bern oder Basel statt, aber auch in entfernten Dörfern im Hinterland, für die man mehrere Stunden Fahrt in Kauf nehmen musste. Mir war kein Weg zu weit, kein Publikum zu klein. Manchmal traten wir in privaten Wohnzimmern vor zwanzig Personen auf, in der Woche darauf im Zürcher Volkshaus vor vierhundert Menschen. Diese Auftritte waren Werbung für mich und brachten mir viele Kunden für Einzelsitzungen. Nur musste ich feststellen, dass Demos für mich hundertmal schwieriger waren, als Sitzungen zu geben. Nicht wegen der Qualität der Kommunikation. Ich kommunizierte mit Geistwesen am Kilimandscharo ebenso gut wie auf hoher See oder in einer Gletscherhöhle. Sie erschienen mir überall, ich sah und hörte sie stets in der gleichen Qualität. Ich hatte ein anderes Problem, und das hieß Panikattacken. Man stelle sich vor: Der Saal ist heiß, die Scheinwerfer blenden, zweihundert Augenpaare sind erwartungsvoll auf einen gerichtet, während man vor Angst kein einziges Wort herausbringt oder in Ohnmacht fällt. Letzteres passierte zwar nie, doch diese Panik war ständig in mir. Erst wenn ich anfing zu sprechen, legte sich meine Nervosität. Danach lief meist alles reibungslos. Doch bis es so weit war, wurde mein Nervenkostüm ganz schön strapaziert.

In den kommenden Jahren trat ich fast wöchentlich bei Demonstrationen auf. Diese gemeinsamen Auftritte mit anderen Medien gaben mir das Vertrauen, von nun an allein auf der Bühne stehen zu können. Das war 2003. Im selben Jahr wagte ich den Schritt in die Selbständigkeit. Zuvor hatte ich die Airline nach vier Jahren verlassen. Um nicht ganz im Regen zu stehen, hatte ich damals für den Fall, dass ich zu wenige Kunden hätte, eine Teilzeitstelle im Büro und im Verkauf bei einem Saunahersteller in Wädenswil angenommen. Doch auch dieser Job war nun zu Ende. Ich konnte mich endlich meiner Passion widmen.

Besuch von einem Pfarrer

Alles lief gut. Langsam schlich sich so etwas wie Routine in meinen Beruf ein. Ich wurde auch immer häufiger von Kunden aus entfernteren Gegenden der Schweiz kontaktiert, die fragten, ob ich nicht vor Ort Sitzungen geben wolle. Aus dem Wallis häuften sich die Anfragen derart, dass ich beschloss, eine Woche im Jahr in Grächen zu arbeiten. Dort hatte sich herumgesprochen, dass eine Einheimische, die in eine tiefe Depression gefallen war, neuen Lebensmut geschöpft hatte, nachdem sie bei mir gewesen war. Ich hatte ihr eine Botschaft ihres Sohnes überbracht. Es gehe ihm gut, ließ er seiner Mutter ausrichten – er war kurz zuvor mit achtzehn Jahren bei einem Autounfall ums Leben gekommen –, sein Tod sei schnell und schmerzlos gewesen. Jetzt hingegen mache er sich Sorgen um seine Mutter. Er sei stets bei ihr und beschütze sie. Und er versprach, sie abzuholen, wenn ihre Zeit gekommen sei. Nach dieser Sitzung hatte sich die Frau verändert. Sie wollte nun auch anderen helfen und machte Werbung für mich, wo sie nur konnte.

Auch dem Pfarrer, der sie in jener Zeit begleitete, war ihre Wandlung aufgefallen. Wochenlang hatte er vergeblich versucht, der Frau Beistand zu geben, bevor sie bei mir Hilfe gefunden hatte. Nun saß er in einer Sitzung bei mir. Neben ihm seine Mutter, die ihn begleitete. Den Grund und die genaueren Umstände für das Kommen der beiden kannte ich nicht. Ich sah nur die Soutane des Pfarrers, und mir wurde mulmig im Magen. Wollte er eine theologische Auseinandersetzung mit mir führen? Mich als Hexe brandmarken? Beispiele aus der Vergangenheit der katholischen Kirche gab es zur Genüge. Ich selbst hatte schon erlebt – im Luzerner Hinterland –, dass ein Pfarrer von der Kanzel aus gegen mich wetterte. Ein anderer hatte in einem Hirtenbrief vor mir gewarnt. Ich war daher auf der Hut. Der Pfarrer konnte ja nicht wissen, dass ich jeden Glauben achte und niemanden bekehren will.

Als Erstes erklärte ich ihm, wie eine Sitzung bei mir abläuft. »Sind Sie wirklich wegen einer Sitzung gekommen?«, fragte ich ihn dann ungläubig. »Natürlich«, antwortete der Pfarrer bestimmt. Auch seine Mutter nickte zustimmend. Mit einiger Nervosität begann ich die Sitzung. Ein junger Mann zeigte sich mir: der Bruder des Pfarrers. Er ging zu seiner Mutter, streichelte ihre Hand und küsste sie auf die Wange. Die Mutter, die sichtlich nervös war, bemerkte von all dem nichts. Der junge Mann erzählte mir, dass er zeitlebens geistig verwirrt gewesen sei. Er habe in einem betreuten Wohnheim gelebt, aus dem er eines Tages ausgebüxt und bei Wind und Wetter einen Berg hochgeklettert sei. Er konnte den Weg, den er gegangen war, genau beschreiben, bis hin zu einem reißenden Gebirgsbach. Dort war er umgekommen.

Das reichte mir vorerst. Ich stoppte die Kommunikation mit dem Verstorbenen und berichtete den beiden, was ich gehört hatte. Die Mutter des Pfarrers begann zu weinen, und auch der Pfarrer war sichtlich aufgewühlt. »Ja, das ist mein Bruder«, sagte er. »Er wird seit mehreren Jahren vermisst.«

Seine Familie plage seither die Ungewissheit, was mit ihm passiert sei. Die Mutter nickte. »Diese Ungewissheit ist schlimmer als der Tod«, meinte sie. Ich versicherte ihr, dass ihr Sohn gegangen sei und dass es ihm gut gehe dort, wo er jetzt war. Da sein Körper nie gefunden wurde, beschrieb ich ihnen genau die Stelle, wo er zu Tode gekommen war.

Die beiden bedankten sich bei mir. »Wir haben nun endlich Gewissheit. Jetzt können wir abschließen.« Der Pfarrer fragte mich noch, ob ich mit ihm ein Glas Wein trinken wolle. Es war bereits Abend, und wir gingen in ein Gasthaus im Dorf. Ich war erstaunt, wie offen und unvoreingenommen er war. Wir diskutierten schließlich bis vier Uhr morgens. Ich nahm mir vor, meine eigenen Vorurteile künftig genauer unter die Lupe zu nehmen. Ob der Körper des verstorbenen Bruders gefunden wurde, weiß ich nicht – ich habe den Pfarrer seither nicht mehr getroffen und nichts mehr von ihm oder seiner Mutter gehört.

Drei Klicks zum Glück

Beruflich lief alles rund. Privat hingegen hatte ich mein Glück noch nicht gefunden. Was größtenteils an mir selbst lag. Es schien immer gleich abzulaufen: Ich lernte einen Mann kennen, ignorierte meine innere Stimme, die mich warnte, und wurde enttäuscht. Denn ich hatte einem Mann vertraut, der ein Aufschneider war oder ein Schwindler. Dabei hätte ich es besser wissen müssen. Interessanterweise hatte sich auch keiner dieser Männer mit meinen Fähigkeiten anfreunden können. Im Nachhinein ist mir natürlich klar, warum. Sie hatten Angst davor, ich könnte sie überführen und ihren Lügen auf die Schliche kommen. Was auch meistens irgendwann der Fall war.

Nach einigen Enttäuschungen in Sachen Liebe hatte ich genug von Beziehungen. Ich war 27, Single und hatte vor, diesen Status beizubehalten. Ich war ja zufrieden mit meinem Leben. Ich war selbständig, die vielen öffentlichen Auftritte machten mir zunehmend Spaß, ich hatte Freundinnen gefunden, die sich von meinen Fähigkeiten nicht abschrecken ließen. Bis eine Arbeitskollegin – das war, als ich Teilzeit bei dem Saunahersteller in Wädenswil arbeitete – meine Single-Pläne durchkreuzte. Sie ackerte während ihrer Mittagspause regelmäßig das Dating-Portal Swissflirt nach Partnern durch. Das amüsierte mich. Während sie die Suche höchst seriös anging, konzentriert, mit leerem Magen, aß ich in aller Ruhe meinen Sommersalat und scherzte über ihr Vorhaben, mit ein paar Klicks den Traummann finden zu wollen. Eines Tages hatte sie meine Kommentare satt. Sie entschied, es sei höchste Zeit für mich, einen Mann zu finden. Fortan beglückte sie mich in jeder Mittagspause mit Kandidaten-Porträts, die sie für mich gefunden hatte. Irgendwann nahm ich die Sache selbst in die Hand. Und ich staunte. Das Online-Dating fühlte sich an wie Shopping in einem Megastore. Abenteurer oder Briefmarkensammler, Geschiedene oder Jungfrauen, mit Bartwuchs oder ohne, gefärbt oder naturblond – die Auswahl schien endlos zu sein und ebenso amüsant.

Ein Porträt fiel mir auf. Es hob sich von all den anderen ab. Der Text war witzig geschrieben, das Foto provokativ: Es zeigte den Anwärter mit etwa sechzehn Jahren im Konfirmationsanzug. Ungeheuerlich, dachte ich mir und schrieb dem »Swissflirter« einen Kommentar. Vier Wochen später, ich hatte die Mail längst vergessen, kam eine Antwort. Sie habe so lange auf sich warten lassen, weil er nicht mehr aktiv auf der Plattform sei, schrieb der Unbekannte. Als er seinen Account löschen wollte, habe er meine Mail gesehen. Wir schrieben uns ein paarmal hin und her, bis irgendwann die Neugierde siegte und wir ein Date vereinbarten. Ich kannte ihn also quasi nur als Sechzehnjährigen im Konfirmationsanzug, er wiederum hatte gar kein Bild von mir gesehen, da ich auf dem Dating-Portal gar nicht angemeldet war.

»Wenn nun Quasimodo vor mir steht?«, schoss es mir durch den Kopf, als ich an einem schönen Frühlingsabend Ende Mai 2003 zu unserer Verabredung fuhr. Eine Rückzugsstrategie musste her: Kaffee trinken, Kopfweh vortäuschen, heimfahren. Zeitaufwand: eine halbe Stunde. »Damit kann ich leben«, sagte ich mir, als ich am Bahnhof auf die S-Bahn wartete, mit der Stephan, so hieß der Unbekannte, eintreffen sollte. Ich war müde von einem Squashspiel, das zwei Stunden gedauert hatte, zudem hungrig und genervt. Je länger ich darüber nachdachte, desto größer wurde meine Angst, dass das Treffen ein Fiasko werden würde.

Dann traf die S-Bahn ein. Ich erkannte Stephan sofort, trotz der vielen Jahre, die seit dem Foto von damals vergangen waren. Er hatte noch immer blonde Haare, war schlank und gut aussehend, mit einem Lächeln im Gesicht. Meine Rückzugsstrategie ließ ich vorerst fallen. »Wollen wir essen gehen?«, fragte ich ihn, als er in mein Zweisitzer-Cabriolet stieg. Mein Magen knurrte nun unmissverständlich. Stephan nickte. Ich fuhr spontan ins »Portofino«, ein nettes Restaurant in Thalwil, direkt am Zürichsee gelegen. Die Sonne ging langsam unter, Schwäne zogen ihre Kreise auf dem See. Als der Kellner die Bestellung aufnahm, staunten Stephan und ich nicht schlecht. Wie aus einem Mund bestellten wir die gleiche Pizza und verlangten beide eine Flasche Tabasco zum Nachwürzen.

Stephan erklärte kurz, er mache irgendetwas mit »Projektarbeit«. Was genau das war, führte er nicht aus, und ich fragte auch nicht nach. »Ein Kopfmensch also«, sagte ich mir nur, »ehrgeizig, wie es scheint, direkt und offen.« Ich hörte bewusst in mich. Diesmal meldete sich keine warnende Stimme. Trotzdem blieb ich skeptisch. War er offen genug für meine Arbeit? Schon des Öfteren hatte ich erlebt, dass sich ein Mann wortwörtlich verabschiedete, nachdem ich ihm erzählt hatte, was ich machte. »Reden wir Tacheles«, sagte ich mir also, »wer mich will, muss mich nehmen, wie ich bin.« Ohne Umschweife erzählte ich Stephan von meinen Fähigkeiten. Als ich den letzten Satz gesprochen hatte, hielt ich die Luft an und war gespannt, wie er reagieren würde. Er schien nicht schockiert zu sein. Im Gegenteil. Er zeigte echtes Interesse an meinen medialen Fähigkeiten. Der Abend verging wie im Flug, und wir gehörten zu den letzten Gästen, die das Restaurant um Mitternacht verließen. Aufgewühlt fuhr ich heim.

Mit Stephan war alles anders. Er begleitete mich zu allen Demonstrationen, bei denen ich auftrat. Mit dem Laptop auf dem Schoß saß er jeweils in der letzten Reihe und analysierte meine Auftritte. Ich nahm ihm das nicht übel. Im Gegenteil, es interessierte mich, zu sehen, wie er als Betriebswirt meine

Auftritte bewertete. Dafür legte er sich eine eigene Skala zurecht: Hatte ich die Verstorbenen präzise genug beschrieben? Oder waren meine Aussagen schwammig und vorhersehbar? Wie reagierten die Besucher? Erkannten sie die Verstorbenen? Für jedes seiner Kriterien – es waren ungefähr dreißig – vergab er Punkte von eins bis zehn. Irgendwann schien ich ihn überzeugt zu haben. »Dolly, du kannst das wirklich«, sagte er eines Abends zu mir.

Stephan ist bis heute mein härtester Kritiker und zugleich mein größter Unterstützer geblieben. Da er sich für alles interessierte, was ich machte, begleitete er mich auch nach England. Bald darauf heirateten wir. Wir bekamen zwei Töchter und einen Sohn. Nie hat Stephan meine Arbeit infrage gestellt. Stets unterstützte er mich. Er war es auch, der mich motivierte, in der TV-Show bei Kurt Aeschbacher aufzutreten oder an diesem Buch zu arbeiten. Ohne ihn hätte ich all diese Schritte nicht gewagt. So verschieden wir auch sind, so gut ergänzen wir uns. Ich bin überzeugt: Die geistige Welt hat mitgeholfen, uns zusammenzubringen. Und dafür bin ich zutiefst dankbar.

Erinnerungen meines Mannes

Stephan Hostettler, 51, Unternehmer
und Dozent an einer Wirtschaftsuniversität

Als ich zu meinem ersten Date mit Dolly fuhr, war ich sehr skeptisch. Ich glaubte nicht (mehr) daran, dass Internet-Plattformen ein geeigneter Weg sind, um die Frau fürs Leben zu finden. Da ich noch nie ein Bild von Dolly gesehen hatte und nicht wusste, wer mir da begegnen würde, legte ich mir eine Exit-Strategie zurecht. Ich wollte keine Zeit mit jemandem vergeuden, mit dem ich mir keine Zukunft vorstellen konnte.

Dann sah ich Dolly zum ersten Mal. Ein Moment, den ich nie vergessen werde. Sie saß in ihrem Cabriolet, während sie am Bahnhof Thalwil auf mich wartete. Es verschlug mir den Atem. Wir beschlossen, zusammen essen zu gehen. »Ich habe ganz viele Talente«, fing sie das Gespräch an. »Da bin ich mal gespannt, ob das stimmt«, dachte ich, lehnte mich zurück und ließ sie erzählen. Dolly eröffnete mir, dass sie mit Toten sprechen kann.

Das war der Moment, der – wie Dolly mir später sagte –
für sie entscheidend war. Sie wollte mich testen, wie ich
darauf reagiere.

Was sie nicht wissen konnte, war, dass ich diesem Thema gegenüber sehr aufgeschlossen bin, da ich mich
Anfang der Neunzigerjahre während meines Doktorandenstudiums hobbymäßig damit auseinandergesetzt
hatte. Irgendwann war es aber in den Hintergrund getreten, und das Interesse war eingeschlafen. Mit Dolly war
es dann sofort wieder präsent. Meine Reaktion war also
ganz anders, als sie erwartet hatte oder gewohnt war.
Ich erinnere mich noch an etwas anderes an diesem
Abend sehr gut, und ich muss sagen, es beeindruckte
mich sehr: Dolly fragte mit keinem Wort, was ich beruflich mache. Ich fand es immer befremdlich, wenn mich
eine Frau in den ersten Minuten eines Gesprächs vor
allem über meinen Beruf aushorchte. Bei Dolly dauerte
es drei Monate, bis sie nachfragte, was genau ich denn
machen würde.

Ich bin katholisch erzogen worden. Ich glaube von jeher
an eine höhere Macht, einen Gott, eine Kraft, wie auch
immer man es nennen will. Ebenso glaube ich an ein
Leben nach dem Tod. Doch nicht unbedingt in der Art
und Weise, wie es uns die katholische Kirche zu lehren
versucht. Was mir hingegen Dolly an jenem Abend über
das Jenseits berichtete, machte für mich Sinn. Als ich
gegen Mitternacht mit der S-Bahn nach Hause fuhr, ließ
ich den Abend Revue passieren. Ich hatte einen Entscheid

getroffen und schrieb meinem besten Freund eine SMS: »Frau fürs Lebens gefunden!«

In den folgenden Monaten begleitete ich Dolly an ihre Demonstrationen. Ich staunte, wie häufig sie auftrat und mit welcher Begeisterung. Es interessierte mich brennend, zu sehen, wie sie arbeitete und welche Reaktionen der Zuschauer sie erhielt. Da ich in der Finanzwelt zu Hause bin, die zu einem großen Teil auf Zahlen und Statistiken basiert, beschloss ich, ihre Arbeit gewissermaßen wissenschaftlich unter die Lupe zu nehmen. Dafür benutzte ich ein einfaches statistisches Modell: Für jede Aussage, die Dolly machte, vergab ich Punkte. War eine Aussage zu vage, sodass sie jeder hätte machen können, bekam sie nur einen Punkt. Wenn sie etwa einem Achtzigjährigen sagte: »Ich sehe Ihre verstorbene Mutter im Jenseits.« Aber ich vergab zehn Punkte, wenn Dolly ihre Aussagen präzisierte. Wenn sie zum Beispiel sagte, dass die Mutter mit fünfzig an Lungenkrebs gestorben war, in Zermatt gewohnt hatte mit einem Bernhardiner als Haustier, waren das Fakten, die man nicht erraten konnte. Da Dolly häufig gemeinsam mit anderen Medien auftrat, konnte ich auch Vergleiche ziehen. Nach einem halben Jahr Beobachtung kam ich zu dem Ergebnis: Ihre Auftritte unterschieden sich in der Präzision, der Art der Formulierungen sowie ihrem professionellen Ton stark von den anderen. Sie hatte Fähigkeiten, auf die andere anscheinend gar nicht oder nicht immer zugreifen konnten.

Rechnet man all die Sitzungen hoch, die Dolly bis zum heutigen Tag gegeben hat, sind es sicher mehrere tausend. Eine ganze Menge, wenn man bedenkt, dass sie nie Werbung machte, die Klienten bis heute vor allem durch Mund-zu-Mund-Propaganda zu ihr kommen. Es ist bewundernswert, dass Dolly so viel Energie besitzt. Vor allem wenn man weiß, dass neun von zehn Kunden, die zu ihr kommen, einen Schicksalsschlag erlitten haben. Oder anders formuliert: Neun von zehn Kunden beginnen bei den Privatsitzungen zu weinen, wie mir Dolly erzählte. Was sie macht, ist keine leichte Aufgabe, finde ich. Ich wäre dafür nicht geschaffen. Dolly hingegen ist nicht nur einfühlsam, sondern kann auch abschalten, wenn sie das Sitzungszimmer verlässt, was sehr wichtig ist. Denn es nützt weder den Klienten noch ihr, wenn sie mitleidet.

Ich selbst hatte noch nie eine Sitzung bei ihr. Seitdem ich Dolly kenne, ist es drei- bis viermal vorgekommen, dass sie erwähnte, sie sehe meinen verstorbenen Vater im Raum. Das war schön zu hören. Mehr Informationen wollte und brauchte ich nicht. Mittlerweile weiß ich natürlich trotzdem recht genau, wie eine Sitzung bei ihr abläuft. Abends berichtet sie manchmal, was sie erlebt hat, stets anonymisiert. Selbst wenn sie einen prominenten Kunden bei sich hatte, erzählt sie nicht, wer es war. Sie ist sehr korrekt.

Trotz ihrer außergewöhnlichen Fähigkeiten und ihrer Nähe zur geistigen Welt hat Dolly einen gesunden Abstand zu ihrer Arbeit. Bei anderen Medien, die ich kennen gelernt habe, ist das oft nicht der Fall. Bei vielen dreht sich deren gesamtes Leben um das Jenseits, in ganz alltäglichen Dingen werden Botschaften und Zeichen der geistigen Welt gesehen. Dolly ist da anders. Sie ist keine »Esoterikerin«. In unserem Haus brennen keine irgendeinem Jenseitsritual geschuldeten Räucherstäbchen oder Kerzen. Sie ist eine moderne Frau, die mitten im Leben steht. Unser Privatleben verläuft wie das der meisten, ohne dass die geistige Welt groß ein Thema wäre. Was nicht heißt, dass wir davon nicht beeinflusst wären. Dolly hat eine gute Intuition, einen sechsten Sinn. Wenn ich mit ihr über geschäftliche Dinge spreche, gibt sie mir manchmal einen Rat. Im Rückblick hatte sie damit häufig recht, und ich ärgerte mich, wenn ich anders entschieden hatte.

Es ist wohl weder einfacher noch schwieriger, mit einer Frau zu leben, die ein Medium ist. Es ermöglicht uns allerdings eine Vielfalt an Themen und Gesprächsstoff, die ich selten so erlebt habe mit einer Frau. Das macht das Leben breiter und spannender. Dolly hat ihre Themen und ihre Leidenschaft, das ist gut für die Familie und für mich. Zu Hause haben wir beide keine formelle Arbeitsteilung vereinbart. Vom Gefühl her kümmern wir uns ähnlich viel um die Kinder. Sie macht aber noch zusätzlich den Haushalt, der viel Arbeit gibt, und den großen Garten. Ich kümmere mich gern um unsere Kinder, weiß, welche Prüfungen bei ihnen anstehen, und unterstütze sie in der Schule, genauso wie Dolly. Wenn man die Kinder fragen würde, wer der Gestrengere von uns beiden ist, dann würden sie wahrscheinlich sagen, dass es Dolly ist. Wenn es aber um Hausaufgaben oder Ordnung im Zimmer geht, bin es wohl eher ich. Grundsätzlich ziehen wir am selben Strick. Kinder versuchen immer wieder mal, die Eltern gegeneinander auszuspielen, das kommt wohl vielen bekannt vor. Dolly und ich sprechen uns dann schnell ab.

Dollys Gabe spielt in unserem Alltagsleben kaum eine Rolle. Mir käme nie in den Sinn, sie zu fragen, ob sie bei einem Problem die geistige Welt um Hilfe bitten könnte. Dafür ist diese nicht da. Zudem ist Dolly kein wandelndes Orakel. Ich weiß nicht, wie es wäre, mit einem Orakel zu leben, aber ich glaube, das wäre nicht sehr spannend – wo bliebe dann die gute Portion Überraschung? Im Gegenteil, ich vergesse manchmal, dass Dolly diese Gabe hat. Aber natürlich helfen ihr ihre Fähigkeiten, die Kinder besser zu verstehen, zu erkennen, was sie beschäftigt, oder es sehr früh zu erahnen, wenn sie krank sind. Es kam schon einige Male vor, dass sie mit einem Kind zum Arzt ging und ihm sagte, welche Krankheit das Kind ihrer Meinung nach hatte, noch bevor er es untersuchte. Meist gab ihr dieser dann recht.

Wie bei anderen Ehepaaren gibt es auch bei uns immer wieder mal einen Konflikt. Das kommt vor, wenn wir zu wenig Zeit haben oder unter Druck stehen. Dann gibt es Reibungen, die sich entladen. Meist legt sich der Streit so schnell, wie er gekommen ist. Zudem haben wir von Freunden von einem »Rezept« gehört, das auch wir gern weiterempfehlen. Man nennt es EEU: Ehe-Erhaltungs-

Urlaub. Seitdem wir Kinder haben, gehen wir jedes Jahr regelmäßig ein bis zwei Wochen ohne Kinder in den Urlaub, nur wir zwei. Dort erleben wir uns immer wieder neu als Paar und staunen, wie schnell wir andere Themen neben Kindern und Familie finden und wie gut wir zu zweit funktionieren, nicht nur als Mutter und Vater.

Angst vor Transparenz hatte ich nie. Im Gegensatz zu manch anderen. Es ist vorgekommen, dass Kollegen, denen ich von Dolly erzählte, quasi reflexartig zurückschreckten. Das hatte dann wohl mit einer Angst zu tun, meine Frau könnte etwas sehen, was sie nicht zeigen wollten. Diese Angst hatte ich nie. Ich lebe sehr authentisch. Deshalb habe ich auch keine Probleme oder Bedenken, dass Dolly etwas von mir erfahren könnte, was nicht gut wäre. Ich wurde einmal gefragt, ob sie einen Betrug erkennen könnte. Darüber hatte ich mir zuvor noch nie Gedanken gemacht, da ich nicht in solchen Kategorien denke. Ob sie fremdgehen erkennen würde, weiß ich nicht. Es ist noch nie vorgekommen. Vielleicht müsste ich es einmal testen... schlechter Scherz.

Dollys Job hat mir noch nie geschadet. In meinem geschäftlichen Umfeld erzähle ich allerdings auch nicht so häufig davon. Meist nur dann, wenn ich danach gefragt werde, was meine Frau arbeitet, und ich auch genügend Zeit habe, zu erklären, was Dolly macht. Wenn ich nur fünf Minuten dafür zur Verfügung habe, dann umgehe ich das Thema. Habe ich, sagen wir, mindestens eine

Viertelstunde, genügt das für ein bisschen detailliertere Ausführungen. Die braucht es. Denn sonst bleibt nur eine Stereotypen-Wahrnehmung hängen, und das wäre unfair Dolly gegenüber. Die meisten, mit denen ich in meinem geschäftlichen Umfeld zu tun habe, meist Topmanager und Verwaltungsräte, sind aufgeschlossen für dieses Thema. Ich habe nur ein einziges Mal erlebt, dass jemand negativ reagierte und kategorisch ablehnte, was ich erzählte. Ich forderte ihn daraufhin auf, trotzdem mal an einer Demonstration von Dolly teilzunehmen. Seine Frau, die mitgehört hatte, war offen dafür, und es gelang ihr tatsächlich, ihn an eine Demo von Dolly zu schleppen. Wie es der Zufall wollte, stellte Dolly dort einen Kontakt für seine Frau her. Danach war er überzeugt von dem, was ich ihm zuvor erzählt hatte.

Bei »Aeschbacher«

Wenn ich unter Druck stehe, mich in einer schwierigen Situation befinde, keinen Ausweg mehr sehe, bitte ich die geistige Welt um Hilfe. Ich bin überzeugt: Sie hört mich. Sie wird mir beistehen. Und ich bin auch sicher, dass das bei uns allen funktioniert. Auch wenn wir diese Unterstützung nicht sofort sehen oder fühlen können. Die Situation wird sich zu unseren Gunsten wenden. Doch ohne Bitte kommt auch keine Hilfe. Die geistige Welt lässt jedem Menschen seinen freien Willen. Sie greift nur dann ein, wenn sie gefragt wird.

Es war im Frühling 2004. Ich arbeitete mittlerweile Vollzeit als Medium. Die Sitzungen gab ich in unserer Wohnung im Zürcher Seefeld und an bestimmten Wochentagen im damaligen Zentrum der SPG, der Schweizer Parapsychologischen Gesellschaft. Alles lief rund. Bis mich eines schönen Tages eine Redaktorin des Schweizer Fernsehens anrief. Dieser Anruf sollte mein Leben auf den Kopf stellen. Ohne Zeit für eine Einleitung zu verschwenden, kam sie gleich zur Sache: »Dolly, wir wollen Sie als Gast bei der Talkshow von Kurt Aeschbacher. Sind Sie dabei?« Ich kannte dessen Sendung, in der er verschiedene bekannte und vor allem unbekannte Gäste interviewt, dennoch war ich völlig überrascht. »So etwas habe ich noch nie gemacht«, war meine erste Reaktion, »wie kommen Sie überhaupt auf mich?« – »Eine Mitarbeiterin war in einer Sitzung bei Ihnen, ohne dass Sie wussten, wer sie ist. Sie war sehr beeindruckt von Ihrer Arbeit und dachte, Sie müssten unbedingt im Fernsehen darüber berichten«, antwortete die Frau, bot mir abschließend Bedenkzeit an – und ließ mich ratlos zurück.

Am Abend erzählte ich Stephan davon. »Ich will nicht ins Fernsehen«, sagte ich ihm, während ich das Abendessen zubereitete. »Die ganze Schweiz wüsste dann, was ich mache. Meine Anonymität wäre dahin. Ich könnte nicht mehr entscheiden, ob ich jemandem von meiner Arbeit erzähle oder nur zur Antwort gebe, ich sei Hausfrau, um nicht den ganzen Abend über meinen Job ausgefragt zu werden. Du weißt, ich habe Verwandte, die es bis heute tunlichst vermeiden, mit mir über meinen Beruf zu sprechen. Und es gibt Nachbarn, die wechseln die Straßenseite, wenn sie mich sehen. Wie wäre das erst, wenn ich am Fernsehen von mir und meiner Arbeit erzählen würde?«

Stephan konnte meine Angst nachvollziehen. Doch er wäre nicht Stephan, hätte er nicht ebenso gewichtige Argumente gehabt: »Dolly«, sagte er, »ich verstehe deine Bedenken. Und es stimmt: Durch diesen Auftritt würdest du bekannter. Aber vergiss nicht: Du willst doch so vielen Menschen wie möglich helfen. Dieser Auftritt böte dir die Gelegenheit dazu.« Er hatte recht, leider. Ich seufzte, und wir legten das Thema für den Rest des Abends beiseite. Am nächsten Tag ignorierte ich es, wie ich das oft bei schwierigen Entscheidungen und Fragen mache, da ich die Erfahrung gemacht habe, dass die Antwort meist von ganz allein kommt. Eine Woche später erwachte ich und wusste: Ich muss es tun. Ich habe eine Verantwortung.

Die Redaktorin freute sich über meine Zusage, und wir trafen uns, um die Eckpunkte zu definieren. Diese sagten mir zu. Denn erstens musste ich mich nicht auf Fragen vorbereiten, und zweitens gab es vor dem Auftritt kein Treffen mit Kurt Aeschbacher. Der Sender wollte, dass wir beide so spontan wie möglich sprechen sollten. Mein Auftritt wurde für den 13. Mai fixiert.

Der große Tag war gekommen. Nervös fuhr ich in die Labor-Bar, wo das Ganze aufgezeichnet wurde. Als ich das Aufnahmestudio betrat, begann mein Herz zu rasen. Das Publikum hatte bereits Platz genommen. Bis zu meinem Auftritt dauerte es noch einige Minuten. »Könnte das Pumpern das Gespräch stören?«, fragte ich den Aufnahmeleiter, der neben mir stand und gerade das Mikrofon an meinem Oberteil befestigte. »Mein Herz schlägt sicher viel lauter und doppelt so schnell als sonst.« Der Aufnahmeleiter schaute mich ungläubig an, bis er merkte, dass es mir Ernst war mit meiner Frage. Er lachte und meinte, ich könne beruhigt sein, das Herzklopfen würde nicht zu hören sein. Alles würde gut gehen. Doch nun stieg richtige Panik in mir hoch, wie früher bei den Demonstrationen. Würde ich sprechen können? Oder gleich zu Beginn über die Treppenstufen stolpern? Mich zum Vollidioten machen vor Hunderttausenden von Zuschauern? Mir ging es immer schlechter. Nun konnte mir nur noch eines helfen: Ich bat die geistige Welt um Hilfe. »Wenn ich für euch da sein soll, dann helft mir jetzt und unterstützt mich«, sagte ich barsch in Richtung Jenseits. Sofort spürte ich die Präsenz meines Geistführers neben mir. Ein Geistführer ist ein Begleiter, der einem Menschen zugeteilt ist und ihn beschützt und leitet *(siehe auch: »Geistführer«, Seite 139).* Er legte seine Hand auf meine rechte Schulter, sein Zeichen dafür, dass er auf mich aufpasst. Ohne Stolpern ging ich die Stufen hinunter Kurt Aeschbacher entgegen, der mich freundlich begrüßte. Kaum hatte ich die ersten Worte über die Lippen gebracht, war meine Nervosität wie weggeblasen. Die Antworten flogen mir nur so zu. Das Interview lief bestens.

Tags darauf klingelte mein Telefon ohne Unterbrechung. Hunderte von Zuschauern wollten einen Termin. Die meisten davon so schnell wie möglich. Manche scheuten sich nicht, mich mitten in der Nacht anzurufen. Mehrere Male wurde ich um vier Uhr in der Früh aus dem Schlaf gerissen, wegen eines »Notfalls«. Nahm ich das Telefon nicht ab, läutete es an meiner Haustür. Da meine Adresse im Telefonbuch stand, war es ein Leichtes, herauszufinden, wo ich wohnte. War ich außer Haus, wurde bei meinen Nachbarn geklingelt, um zu fragen, wann ich zurückkäme.

Natürlich verstand ich die Notlage dieser Menschen. Bis ich an einem Punkt anlangte, an dem ich nicht mehr konnte. Ich gab mittlerweile Sitzungen rund um die Uhr, auch am Abend und an den Wochenenden, ohne Pause, viele Monate lang. Ich unterbrach die Arbeit praktisch nur noch, um zu schlafen. Trotzdem reichte mein Einsatz nicht aus. Denn noch immer mussten Kunden monatelang auf einen Termin warten. Irgendwann merkte ich, dass ich völlig erschöpft war, und zog die Reißleine. Es war schwer, mir einzugestehen, dass auch ich nur über begrenzte Zeit und Energie verfüge, trotz all der Unterstützung aus der geistigen Welt. Ich kam zu der Erkenntnis: Ich bin nur dann gut in meiner Arbeit, wenn ich erholt bin. Dafür muss ich meine Batterien aufladen. Ich reduzierte mein Pensum wieder auf das Maß von früher. Auch wenn Klienten dadurch noch längere Wartezeiten in Kauf nehmen mussten. Ich ließ meine Adresse im Telefonbuch sperren und legte mir ein zweites, privates Handy zu.

In den folgenden Jahren kamen noch diverse weitere Anfragen aus TV, Radio und Printmedien. Ich war unter anderem Gast in den Sendungen des Schweizer Fernsehens »Sternstunde Religion« und »Quer«. Häufig jedoch lehnte ich Anfragen ab. Manchmal erschienen mir die Projekte schlicht zu wenig seriös. Wie damals, als ein Privatsender aus Deutschland an mich herangetreten war. Die Redakteure hatten geplant, dass ich ihnen aus Sitzungen, die ich erlebt hatte, erzählen solle. Diese Sitzungen wären dann mit Schauspielern nachgestellt worden. Ich lehnte ab. Ich wollte den Zuschauern nicht eine Live-Situation vorgaukeln, die es nicht gab. Oft aber hatte ich ganz einfach keine Zeit. Denn mittlerweile war ich dreimal Mutter geworden, 2004, 2006, 2010. Die Kinder forderten meine vermehrte Anwesenheit zu Hause.

Feedback einer Zuschauerin

Diese Mail erreichte mich nach meinem gemeinsamen Auftritt mit der Theologin Brigitte Becker in der Sendung »Sternstunde Religion« des Schweizer Fernsehens. Die Verfasserin hat mir erlaubt, ihre Zeilen abzudrucken, möchte aber nicht namentlich erwähnt werden.

Guten Tag, Frau Becker, guten Tag, Frau Röschli

Ich möchte Ihnen noch eine Rückmeldung zur heutigen spannenden »Sternstunde« geben. Ich fand es eine tolle, mutige Sendung. Sie haben die Frage gestellt, wieso Menschen zu einem Medium gehen. Ich sage Ihnen gerne, weshalb ich (geb. 1948 und äußerst kritisch in solchen Belangen) vor zwei Jahren bei Frau Röschli landete.

Mein Bruder erkrankte an Speiseröhrenkrebs. Wir haben in den wenigen Monaten, die uns vor seinem Tod noch blieben, immer wieder übers Sterben gesprochen und uns gefragt, was wohl nachher käme. Da gibt es ja so

viele Meinungen wie Menschen – und wer wäre nicht
neugierig diesbezüglich? Irgendwann sagte ich zu ihm:
»Gell, wenn du kannst, gib mir ein Zeichen vom Jenseits.«
Damit war er sehr einverstanden.

Anderthalb Jahre nach seinem Tod kam mir dieses
Gespräch immer wieder in den Sinn, und ich dachte viel
darüber nach. Wie könnte er mir ein Zeichen geben?
Wäre es ein Poltern, Lichtausschalten – ich würde
darüber lachen und nie auf die Idee kommen, dass dies
Zeichen von ihm sein könnten. Und ich beschloss: Ich
muss etwas dafür tun, dass er mir ein Zeichen geben
kann, ich muss ihm entgegengehen. Und so landete ich,
nach Empfehlungen von zwei einander nicht bekannten
Menschen, bangen Herzens bei Frau Röschli.

Heute muss ich sagen: Die Sitzung bei ihr war etwas
vom Besten, was ich in meinem Leben gemacht habe.
In den sechzig Minuten hat mir Frau Röschli Botschaften
von vier Menschen übermittelt, die ich verloren habe und
die mir sehr nahestanden, unter anderen mein Bruder.
Bei allen vier Kontakten stimmte das, was sie erzählte,
auf allen drei Ebenen mit den Verstorbenen überein: die
Beschreibung (Aussehen, Charakter, Tätigkeiten etc.),
die offenen, mich zum Teil noch belastenden Beziehungsthemen zwischen uns und die individuellen,
detaillierten Umstände ihres Todes. Es war für mich ein
riesiges Gottesgeschenk, eine Gnade, ein Wunder. Doch
vor allem empfand ich es als eine Heilung, dass sich Themen, die mich belasteten, Beziehungsverstrickungen,

Verletzungen, welche ich in jahrelanger Psychotherapie nicht aufheben konnte, auf einmal auflösten. Noch heute, Jahre später, bin ich befreit davon.

Frau Röschli hat es richtig gesagt: Sie ist keine Therapeutin. Sie ist Vermittlerin von Botschaften. Manchmal sind diese symbolisch, und man muss sich daheim noch selber nachdenkend um Übersetzung bemühen. Wer das schafft, wird reich belohnt. Zum Beispiel erzählte meine Mutter am Anfang der Sitzung, dass sie handwerklich begabt gewesen sei. Einiges später dann zeigte sie auf Blumen – »aber es hat nichts mit Garten zu tun«, sagte Frau Röschli. Ich fand diese Aussage zuerst banal, weil ich fand, dass meine Mutter zwar Blumen mochte, aber nicht mehr als andere Leute. Erst zwei Tage später schaute ich zufällig auf meinen alten Sekretär. Dort stand eine kleine Porzellantasse, die meine Mutter bemalt hatte – und schlagartig erinnerte ich mich. Sie hatte, als ich ein Kind war, immer auf Porzellan gemalt, Tassen, Krüge, Schüsselchen, alles war mit Blumen bedeckt. Später bemalte sie für jedes Kind einen Bauernschrank – mit Blumen. Und im Alter malte sie ihre Blümlein noch zittrig auf Kärtchen. Das ist *ein* Beispiel aus der Sitzung – es gäbe noch viele ähnliche.

Ich verstehe alle, die solche Erlebnisse anzweifeln. Ich glaube, wir Menschen, die diese Begabung nicht haben, sind wie Brunnenfrösche. Wie soll ein Brunnenfrosch sich das Meer vorstellen können? Und als Enkelkind eines Pfarrers hat mir diese Sitzung auch Themen aus der Bibel nähergebracht, die ja an verschiedenen Stellen auch »Wunderhaftes« berichtet. Wenn die Kirche uns solche Wunder erzählt, dann muss sie letztlich auch lernen, anzuerkennen, dass es auch heute noch Wunder im Diesseits gibt.

Das wollte ich Ihnen noch erzählen. Ich wünsche Ihnen eine gute Zeit.

Mit freundlichen Grüßen.

Ein Klient, der nicht zuhört

Ein Geschäftsmann saß bei mir. Wie immer wusste ich nicht, wer er war oder weshalb er gekommen war. Es schien ihm nicht sonderlich gut zu gehen. Er saß gebückt auf dem Stuhl, als müsste er die Last der gesamten Welt tragen, sein Anzug hatte Flecken, seine Frisur war nachlässig. Ich bot ihm das Du an, wie all meinen Kunden, und begann die Sitzung. Innerhalb weniger Sekunden erschien sein Vater aus der geistigen Welt. »Mein Sohn hat große geschäftliche Probleme«, erzählte der Vater in strengem Tonfall. Er selbst war Unternehmer gewesen und wusste, wie schlimm es um die Firma seines Sohnes stand. »Wenn es so weitergeht, steht bald die Insolvenz vor der Tür. All die langjährigen Mitarbeiter stehen dann auf der Straße. Alles, was er aufgebaut hat, wäre zunichte.« Was mich und die Qualität des Gesprächs betraf, war ich bis dahin zufrieden. Die Informationen, die der Vater seinem Sohn gegeben hatte, waren klar und überaus wichtig für dessen Zukunft. Doch der Sohn wirkte desinteressiert an der Kommunikation mit seinem Vater. Er saß teilnahmslos da, schaute aus dem Fenster, zuckte manchmal mit den Schultern. Ich konnte mir sein Verhalten beim besten Willen nicht erklären. Also fragte ich bei der geistigen Welt nach, weshalb mein Klient so kein Interesse zeige. Die Antwort ließ nicht lange auf sich warten.

Eine Frau zeigte sich, jung, hübsch, strahlend. Der Vater war in die zweite Reihe getreten und ließ nun sie sprechen. Wie sich herausstellte, war sie die Tochter des Geschäftsmannes. Als ich ihm erzählte, seine Tochter sei jetzt hier, durchfuhr es ihn wie ein Blitz, und gespannt richtete er sich auf. Nun hatte ich seine volle Aufmerksamkeit. Die Frau erzählte mir, sie sei über Weihnachten nach Thailand geflogen. Niemand ahnte damals, dass am zweiten Weihnachtstag ein Tsunami an Asiens Küsten wüten würde. 230 000 Menschen verloren ihr Leben. Auch die junge Frau war unter den Toten. Ein halbes Jahr lang wurde nach ihr gesucht, bis man ihre Leiche fand. Von jenem Tag an kümmerte sich ihr Vater um nichts mehr. Er trauerte Tag und Nacht um seine Tochter, zu der er ein inniglichs Verhältnis gehabt hatte. Zu schnell und jählings war sie aus seinem Leben gerissen worden.

»Du musst nicht um mich trauern, Papi«, sagte die junge Frau. »Ich bin immer bei dir, jeden Tag. Mir geht es gut, nur um dich mache ich mir Sorgen. Bitte fange wieder an zu leben. Nur so kann ich hier glücklich sein.« Tränen liefen über das Gesicht meines Klienten. Auf sie hatte er die ganze Zeit gewartet. Alles andere interessierte ihn nicht, weder das, was sein Vater sagte, noch das Geschäft, noch irgendetwas anderes. Er war in der Erwartung gekommen, mit seiner Tochter in Kontakt zu treten. Doch die geistige Welt ließ ihn zuerst warten. Nicht aus Bosheit. Das Jenseits weiß genau, wie wir ticken. Es wollte dem Vater noch eine andere wichtige Botschaft geben. Wäre die Tochter sofort erschienen, hätte er seinen Vater noch weniger beachtet. Alles hätte sich nur um die Tochter gedreht. So konnte er sich von ihr verabschieden, bekam vorher aber noch eine wichtige Information mit auf den Weg.

Ein Jahr später saß er erneut bei mir. »Meinem Unternehmen geht es gut«, sagte er und lächelte. »Es war kurz vor zwölf, gerade noch rechtzeitig, um das Ruder herumzureißen.« Er sei dankbar, dass die Sitzung so verlaufen sei. Zu Hause habe er sich die CD-Aufnahme von unserem Gespräch angehört. Erst dann habe er realisiert, was ihm sein Vater mitteilen wollte. Hätte seine Tochter versucht, ihn zu warnen, hätte er dies wohl nicht ernst genommen. In unternehmerischen Dingen vertraue er nur seinem Vater. »Ich habe wieder angefangen zu leben«, sagte er abschließend. »Denn nun weiß ich, dass meine Tochter stets bei mir ist.«

Mein Leben als Medium

Ich werde häufig gefragt, wie ein Medium ganz privat lebt. Wenn ich hier nun ein wenig aus meinem Privatleben erzähle, hoffe ich, niemanden damit zu langweilen. Denn genau genommen verläuft mein Leben nicht viel anders als das von irgendjemandem. Wenn ich nicht gerade Sitzungen gebe, bin ich Hausfrau, Ehefrau und Mutter. Mir ist es wichtig, viel Zeit mit meiner Familie zu verbringen. Deshalb hatte ich in den letzten Jahren mehrere Male mein Arbeitspensum reduziert. Da meine Kinder mittlerweile älter sind, habe ich jetzt wieder mehr Zeit für Klienten – oder um an diesem Buch zu arbeiten.

Für meine Kinder ist es völlig normal, am Mittagstisch auch über Verstorbene und den Tod zu sprechen. Manchmal hören sie interessiert zu, manchmal gähnen sie. Es kommt auch vor, dass sie versuchen, meine medialen Fähigkeiten zu nutzen. »Was denkt dieser Freund über mich?«, fragen sie mich dann. Oder: »Kann mir die geistige Welt bei dieser Prüfung helfen?« Es kam auch schon die Bitte: »Mami, kannst du nicht mal im Jenseits nachfragen, ob wir das Spiel gewinnen werden?« Ich muss dann stets schmunzeln und ermuntere sie, sich selbst Gedanken zu machen.

Oft werde ich auch gefragt, ob ich spirituell lebe. »Kommt darauf an, was man unter Spiritualität versteht«, sage ich dann. Für mich bedeutet ein spirituelles Leben nicht gleichzeitig Verzicht, wie ihn buddhistische Mönche oder Einsiedler praktizieren. Ich fahre Auto, fliege mit dem Flugzeug in den Urlaub und bin auch für anderen ökologischen Blödsinn mitverantwortlich. Dieses Verhalten macht mich nicht weniger spirituell. Spirituell leben bedeutet für mich: demütig und dankbar zu sein. Ich bin demütig gegenüber Gott und der Natur. Ich danke regelmäßig für das, was mir gegeben wurde. Ich überlege bewusst, was ich esse und wie viel davon, denn das hat Folgen für meinen Körper und für die Umwelt. Wasser ist ein wichtiges Gut, das nicht verschwendet werden sollte. Nahrungsmittelreste verwerte ich wieder – Naturgüter sollte man ehren.

Diese Haltung bringe ich auch meinen Kindern bei. Demut beinhaltet auch, andere Menschen so zu behandeln, wie ich selbst gern behandelt werden möchte. Das beginnt oft bei kleinen Dingen. Ich nehme mich zurück, dränge nicht, lasse anderen den Vortritt – im Zug, auf der Straße, beim Einkaufen. Was mir, zugegeben, nicht jeden Tag gleich gut gelingt. Auch vermeide ich es, andere zu verurteilen. Jeder soll so leben können und dürfen, wie er will.

Eine andere Frage, die mich schmunzeln lässt, ist die, ob ich als Medium weniger Probleme habe als andere Menschen. Manchmal mache ich mir den Spaß und antworte mit Ja – behaupte, mein Leben sei in der Tat viel einfacher. Meist aber bleibe ich ernst und sage wahrheitsgemäß: »Ich habe die gleichen Probleme wie jeder andere auch.« Ich bitte nicht meinen Geistführer, mir die Zukunft zu zeigen; ich möchte sie gar nicht kennen. Ich will weder wissen, wann ich sterbe, noch, ob mich eine schwere Krankheit heimsuchen wird. So ein Wissen bringt mir nichts. Ich kann mein Schicksal ja nicht abwenden. Doch ich müsste den Rest meines Lebens mit diesem Wissen leben. Da nehme ich lieber die Ungewissheit in Kauf. Kurzum, ich bin nur selten in Kontakt mit der geistigen Welt, wenn es um Dinge geht, die mich selbst betreffen. Geht es um Kunden, dann natürlich täglich.

Gebe ich eine Sitzung, »schalte ich ein«. Dann bin ich quasi »online« mit der geistigen Welt. Wenn ich in der Früh in der Praxis einen Kaffee hole, sehe ich die ersten Geistwesen. Sie wissen längst, dass an diesem Tag ein Verwandter von ihnen in meine Sitzung kommen wird, und versuchen, mir Informationen zu geben. Ich bitte die Geistwesen dann, sich zu gedulden, denn ich möchte meine Klienten völlig unbeeinflusst kennen lernen. Sie sollen die Informationen während der Sitzung direkt von den Geistwesen erhalten. Meist arbeite ich halbtags. Danach »schalte ich wieder aus«. Dadurch haben Verstorbene keine Möglichkeit mehr, bei mir anzuklopfen. Den Rest des Tages bin ich somit »offline«.

Was ich jedoch nicht ausschalten kann, das ist mein siebter Sinn, im englischen Spiritualismus auch »well-knowing« genannt. Durch irgendeinen Umstand (den ich nicht zu erklären vermag) habe ich, ohne das steuern zu können, immer wieder Zugang zum Kollektivbewusstsein der geistigen Welt. Ich habe bislang nur ganz selten Medien getroffen, die diese Fähigkeit haben. Damit möchte ich mich in keiner Weise besserstellen als andere oder Kollegen schlechtmachen. Ich möchte nur, dass jeder achtsam ist, wenn ihm ein Medium weismachen will, es habe diesen Zugang. Ich selbst spreche nur selten über diese Gabe. Auch in meinen Seminaren erwähne ich sie kaum. Ich bekam diese Fähigkeit in die Wiege gelegt und habe nichts Außergewöhnliches dafür geleistet. Doch sie gehört zu mir und macht einen großen Teil von mir aus.

Was also ist dieses Kollektivbewusstsein? Es ist ein Sammelsurium des Wissens der geistigen Welt und des Bewusstseins aller Menschen, die alle miteinander verbunden sind. Jederzeit kann ich Eingebungen dieses Kollektivbewusstseins erhalten, ohne dass ich darum gebeten hätte, ohne Konzentration oder Meditation. Es durchfährt mich meist wie ein Blitz. Manchmal zu bedeutsamen Dingen wie etwa drohenden Naturkatastrophen. Ich kann jedoch auch Informationen erhalten, bei denen es sich um alltägliche Dinge des Lebens handelt. Sei es, dass ich weiß, wo ein Verkehrsstau ist, dass ich den Streit zweier Freundinnen voraussehe oder ahne, dass die Garagentür nicht abgeschlossen ist. Häufig erhalte ich auch Vorahnungen, die Menschen betreffen, die mir nahestehen. Ich sprach zum Beispiel mit einer langjährigen Freundin, als ich die Information bekam, sie habe ein gesundheitliches Problem. Ich bat sie, zum Arzt zu gehen. Sie befolgte den Rat, und bei dieser Untersuchung wurde ein gutartiger Tumor gefunden, der entfernt werden musste.

Ein anderes Mal betraf es ein Kind aus unserem Umfeld im Wallis, wo wir oft in den Ferien weilen. Die Ärzte hatten den Jungen als hyperaktiv eingestuft, weshalb ihm Ritalin verordnet worden war. Ich erhielt jedoch eine völlig andere Information. Es sei Trauer um Verstorbene, die diesen Jungen quäle und ihn so verhaltensauffällig mache. Daraufhin tat ich etwas, was ich mir vorgenommen hatte, nie zu tun: Ich mischte mich ungebeten ein. Ich nahm das Telefon zur Hand und rief die Mutter des Jungen an. Mit weichen Knien entschuldigte ich mich zuerst hundertmal bei ihr für das, was ich nun sagen würde. Dann holte ich tief Luft: »Ich habe das Gefühl, Ihr Sohn ist tieftraurig. Es scheint, als könne er die familiären Verluste der letzten zwei Jahre nicht verarbeiten, und das verursacht seine Hyperaktivität.« Totenstille am anderen Ende der Leitung. Dann erzählte mir die Mutter, ihr Sohn habe innerhalb eines kurzen Zeitraums zwei enge Verwandte verloren. Sie sei mit ihrer eigenen Trauer so beschäftigt gewesen, dass sie nicht nachgefragt habe, ob Ritalin die richtige Lösung für ihren Sohn sei. Ich empfahl ihr einen Psychotherapeuten für den Jungen. Dieser half ihm, seine Gefühle zu verarbeiten. Das Ritalin warf die Mutter weg, und nach einem halben Jahr war der Junge wieder ganz der alte, ein unauffälliges, umgängliches Kind, das lernte, über seine Gefühle zu sprechen.

Stalkerin aus dem Jenseits

Ich habe bereits erzählt, dass ich meine Verbindung zur geistigen Welt die meiste Zeit des Tages ausschalte, dass ich das jedoch, als ich jung und unerfahren war in der Kommunikation mit Verstorbenen, noch nicht konnte. Verstorbene erschienen mir überall, zu jeder Tages- und Nachtzeit, wann sie nur wollten. Das taten sie, weil sich Verstorbene mitteilen möchten. Doch bei den meisten Menschen »kommen sie nicht durch«. Sie werden von ihnen nicht registriert. Deshalb wenden sie sich an jene Menschen, die sie wahrnehmen können. Heute kann ich »abschalten«. Weshalb ich in meinem Alltag keine Geistwesen mehr antreffe. Trotzdem passierte vor etwa fünf Jahren etwas Seltsames. Ein Geistwesen versuchte mit aller Macht, sich bemerkbar zu machen. Und fügte mir bei diesem Unterfangen einen veritablen Sachschaden zu. Doch der Reihe nach.

Es war an einem sonnigen Vormittag im Mai. Ich hatte meine Sitzungen im Wallis beendet und brachte meine älteste Tochter zu einer Freundin. Auf dem Weg dorthin hielt ich noch kurz an einer Bäckerei, kaufte Brot und stieg wieder in mein Auto ein. Rückwärts aus dem Parkplatz fahrend, streifte ich dabei ein parkiertes Auto. Meines war heil geblieben, das andere jedoch hatte einige Kratzer im Lack abbekommen.

Genervt ging ich in den Laden, suchte den Fahrer, gab ihm meine Visitenkarte mit dem Versprechen, die Kosten des Schadens schnell und unkompliziert zu begleichen. Ich war sauer auf mich, weil ich so unaufmerksam gewesen war. Fünf Minuten später lud ich meine Tochter bei ihrer Freundin ab. Ich gab ihr einen Kuss, stieg ins Auto und setzte zurück, als ich einen lauten Knall hörte. Erneut hatte ich ein Fahrzeug touchiert. Der Parkassistent meines Autos war stumm geblieben. Aufgewühlt und genervt drückte ich auch diesem Autobesitzer meine Visitenkarte in die Hand. Mein Leben lang war mir so etwas noch nie passiert: zwei Unfälle innert einer Stunde! Kurz darauf – ich war mittlerweile zu Hause angekommen – fuhr ich in die Parkgarage und vernahm erneut einen lauten Knall. Ich war in die Garagenrückwand gefahren.

Nun hatte ich genug. Eine Stunde, drei Unfälle – da konnte etwas nicht stimmen. Ich setzte mich in die Küche und nahm Kontakt mit dem Jenseits auf. Sogleich nahm ich ein Geistwesen wahr. Es war eine hübsche, blonde Frau mittleren Alters. Sie war aufgeregt und wollte mir ihre Geschichte erzählen. Nun hatte das Geistwesen, was es wollte: meine volle Aufmerksamkeit. Es war eine dieser Verstorbenen, die es schaffen, Dinge zu bewegen, zu manipulieren oder ein- und auszuschalten. Nicht alle Geistwesen haben diese Fähigkeit. Weshalb das so ist, ist schwer zu sagen. Es dürfte mit ihrer früheren Tätigkeit auf der Erde zusammenhängen.

Nun war mir alles klar. Das Geistwesen hatte Gegenstände manipuliert und mich verfolgt, damit ich ihm endlich zuhörte. Ich weiß bis heute nicht, wie es das Wesen geschafft hatte, mich drei Unfälle verursachen zu lassen, sicher war nur, dass es eine

Schuld daran hatte. Ich war erstaunt über so viel Dreistigkeit. So etwas hatte ich noch nie erlebt. Doch ich ließ die Verstorbene erzählen. Sie habe sich vor einem halben Jahr das Leben genommen, begann sie. Es sei eine Kurzschlusshandlung gewesen, und ihr Freund, der völlig ahnungslos gewesen sei, habe sie daheim tot aufgefunden. Seither mache er sich schreckliche Vorwürfe. Das Geistwesen bat mich, den Partner zu kontaktieren. »Das mache ich nicht«, erwiderte ich bestimmt. »Dein Partner muss zu mir kommen. Ich kann nicht Fremde kontaktieren, nur weil Geistwesen mich darum bitten. Die meisten Menschen wären von so einer Kontaktaufnahme völlig überfordert. Abgesehen davon, könnte ich mich selbst in eine heikle juristische Situation bringen.« Damit beendete ich das Gespräch.

Ein paar Wochen später saß der Freund der Verstorbenen bei mir. Wie sie es geschafft hatte, ihn dazu zu bewegen, weiß ich nicht. Klar ist nur: Wenn sie ihn mit der gleichen Vehemenz verfolgt hatte wie mich, war ihm wohl nichts anderes übrig geblieben. Nun also saß er vor mir, skeptisch und ablehnend dem gegenüber, was da wohl kommen würde. Man sah ihm an, dass es ihm nicht gut ging. Es brauchte nicht viele Worte, die blonde Frau, an die ich mich sogleich erinnerte, war erschienen, und ich übermittelte dem Mann ihre Botschaft: »Deine Freundin hatte die Diagnose Krebs erhalten. Sie wusste, wie elend man an dieser Krankheit zugrunde gehen kann, sie hatte so bereits einen nahen Verwandten verloren. Das wollte sie nicht mitmachen. In einer Kurzschlusshandlung setzte sie deshalb ihrem Leben ein Ende. Sie hat in diesem Moment nicht darüber nachgedacht, was sie dir damit antut. Dafür will sie sich entschuldigen.«

Einen Monat später erhielt ich eine E-Mail von diesem Mann. Endlich habe er Antworten bekommen auf seine Fragen. Jetzt, wo er wisse, dass es seiner Freundin gut gehe und er nicht schuld sei an ihrem Tod, könne er abschließen und Frieden finden. Beide hatten ihren Frieden gefunden. Und ich, ich fand eine Prämienerhöhung meiner Autoversicherung in meinem Briefkasten.

Burn-out? Ich doch nicht ...

Jeder Mensch hat einen freien Willen. Wir können unser Leben selbst gestalten und in die Richtung lenken, die wir uns wünschen. Welchen Weg wir einschlagen, wie wir mit unserem Körper umgehen, wie gesund wir sind, liegt zu einem bedeutenden Teil an uns selbst. Ich etwa rauche. Dafür ernähre ich mich gesund, gehe regelmäßig vor oder nach der Arbeit im Wald joggen. Und ich nehme mir Zeit, um abzuschalten. Nach der Arbeit verbringe ich meist eine halbe Stunde für mich allein zu Hause, wo ich herunterfahren und im Geist noch einmal die Sitzungen durchgehen kann, bevor die Kinder kommen oder ich mit der Hausarbeit beginne. Vor dem Schlafengehen lese ich meist ein Buch. All diese Dinge sind wichtig für mich, um die Balance zu halten. Jeder sollte wissen, wie er abschalten kann. Und er sollte sich die Zeit dafür nehmen. Denn schnell kann es passieren, dass wir uns überfordern und uns in einer Abwärtsspirale wiederfinden, aus der wir nur schwer wieder hinausfinden. Ich weiß, wovon ich spreche, denn es ist mir selbst passiert. Dabei hätte ich bis kurz zuvor jede Wette abgeschlossen, dass es mich nicht treffen kann. Bis ich die Hilfe eines Freundes, der Psychiater ist, in Anspruch nahm. Nach einem eingehenden Gespräch diagnostizierte er eine Erschöpfungsdepression. Burn-out sagen andere dazu. Ich hatte lange Zeit nichts davon bemerkt. Ich funktionierte ja.

Es begann, als wir 2009 ein Haus kauften. Damit ging ein Traum von Stephan und mir in Erfüllung – der jede Menge Arbeit mit sich brachte. Das Haus, ein uraltes Bauernhaus, das völlig heruntergekommen war, musste abgerissen und neu aufgebaut werden. Da Stephan keine Zeit hatte, sich darum zu kümmern, übernahm ich die Leitung des Projekts. Ich war die Frau für alles, Bauplanung, Baustellenüberwachung, Verhandlungen mit Lieferanten. Kein Job war mir zu kompliziert oder zu viel. Vor meinen Sitzungen war ich auf der Baustelle, nach meinen Sitzungen ebenso. Stets begleitet von unserer jüngsten Tochter, die kurz zuvor zur Welt gekommen war. Genau genommen verbrachte die Kleine ihre ersten beiden Lebensjahre zusammen mit mir auf der Baustelle. Am Abend kochte ich, versorgte die beiden älteren Kinder (damals sieben und neun), ging mit meinem Mann noch einmal die Baupläne durch. In der Nacht fand ich keine Erholung, da das Baby ständig schrie. Müdigkeit, Anspannung, Überanstrengung, ich ignorierte alles. Das ging etwa zwei Jahre so. Ich musste ja funktionieren. So lange, bis das Haus fertig gebaut und eingerichtet war. Endlich. Ein Grund zur Freude. Doch ich spürte keine Freude. Weder an dem Haus, an meiner Familie noch an irgendetwas anderem, worunter ich beispielsweise Schuhe oder Handtaschen verstehe, die ich sehr liebe. Ich spürte rein gar nichts und schaffte es auch auf einmal nicht mehr, in der Früh aufzustehen.

Auf fachlichen Rat meines Freundes hin verordnete ich mir ein halbes Jahr strikte Ruhe. Ich sagte alle Sitzungen für die nächsten sechs Monate ab. Mein Mann stand fortan auf, wenn die Kleine des Nachts schrie. Die ersten zwei Wochen schlief ich praktisch nur. Etwa einen Monat dauerte es, bis ich merkte, dass es langsam wieder aufwärtsging. Nach drei Monaten fühlte ich mich wieder fit, forderte aber mein Glück nicht heraus und nutzte die verbleibende Zeit für Weiterbildung.

Dieses Erlebnis ist mir eine Lehre. Und es ist mir ein Anliegen, allen zu raten, nicht zu vergessen, auf ihren Körper zu hören. Es ist wichtig, immer wieder abzuschalten. Sei es mit Meditation, Sport, Yoga, Schach, einem Buch. Was immer einem guttut. Aber man muss sich bewusst Zeit dafür nehmen. Freude daran haben. Und es regelmäßig tun.

Erinnerungen eines Freundes

Reto Müller, 46, ist in der Direktion eines Finanzinstituts tätig. Seinen richtigen Namen möchte er nicht nennen, weil er aus beruflichen Gründen unerkannt bleiben will.

Ich bin seit mehr als zwanzig Jahren im Finanzwesen zu Hause. Obwohl ich auch schon mit Kollegen aus der Bank interessante Gespräche über Spiritualität führen konnte, ist es im Jahr 2018 noch nicht möglich, sich zu diesem Thema zu outen. Ich bin leider überzeugt davon, dass mich Kollegen, Vorgesetzte und Kunden, sollte ich öffentlich über meine Erfahrungen sprechen, plötzlich in einem völlig falschen Licht sehen und mich nicht mehr aufgrund meiner fachlichen Kompetenz beurteilen würden. Das ist auch der Grund dafür, weshalb ich mich schweren Herzens dazu entschieden habe, diesen Beitrag unter einem Pseudonym zu verfassen.

Metaphysik und das Leben nach dem Tod interessierten mich schon seit je. Gleichzeitig stehe ich allem skeptisch gegenüber, was ich nicht auf Herz und Nieren überprüft habe. Vor ein paar Jahren hat mir dann die Lebenspartnerin eines guten Freundes von einem Ausbildungszentrum für Medien erzählt, dem Arthur Findlay College in England, was ich sehr spannend fand. 2001 beschloss ich, dort eine Ausbildungswoche zu absolvieren. Ich wusste damals nicht, worauf ich mich einließ oder worum es in dieser Woche eigentlich gehen würde. Doch es erschien mir der richtige Ort, um mehr über das Thema Jenseits zu erfahren. Im College angekommen, war ich als Erstes überwältigt von der Größe des Anwesens und dem Ambiente des Schlosses.

Im Laufe der Woche stellte ich dann fest, dass die meisten Schüler mit viel konkreteren Vorstellungen als ich hier waren, dass viele mediale Fähigkeiten besaßen und diese bei einigen erstaunlich weit entwickelt waren. Ich hingegen musste mir eingestehen, dass ich, was das betrifft, wohl eher talentfrei geboren wurde und mir nur beschränkte Fähigkeiten zur Verfügung stehen. Dennoch war die Woche ein Gewinn. Ich machte zahlreiche Erfahrungen mit meiner eigenen Medialität und den unterschiedlichsten Medien, die an dem College unterrichteten und für uns Schüler in Einzelsitzungen oder in der Gruppe Kontakte mit dem Jenseits herstellten. Und es bestanden für mich nach dieser Woche keine Zweifel mehr an einem Leben nach dem Tod. Da ich überzeugt bin, dass es nach dem Tod wirklich weitergeht, habe ich auch keine Angst mehr davor.

Im College gab es nicht nur tagsüber viel zum Staunen und Lernen für mich, auch die Abende waren amüsant. Die Schüler trafen sich stets an der Bar und ließen dort den Abend ausklingen. Mir fiel eine Gruppe von jungen Frauen auf, bei denen es Abend für Abend lustig herging. Mitten drin war Dolly. Es wurde getrunken, gesungen und oft bis in den Morgen hinein getanzt. Ich selbst war in einer eher ruhigen und gemütlichen Gruppe und schielte oft zu den anderen hin. Bis mich Dollys Freundin Rita, die Dolly nach England begleitet hatte, zum Tanz aufforderte. So machte ich Bekanntschaft mit Dolly und halte bis heute Kontakt zu ihr. Mit ihren jungen Jahren war sie bereits damals ein Ausnahmetalent im Arthur Findlay College. Dolly feierte oft bis tief in die Nacht und lieferte am nächsten Tag trotzdem erstaunlich gute Leistungen.

Nach dem Arthur Findlay College besuchte ich einen Zirkel, den Dolly leitete, und hatte auch Sitzungen bei ihr. Natürlich analysierte ich im Nachhinein jede Sitzung bis ins Detail. Auch war ich in den nächsten Jahren noch einige Male am Arthur Findlay College, meist in den Anfängerkursen, die immer sehr vielseitig waren. Während dieser Zeit lernte ich sehr viele Medien kennen, die in den unterrichtsfreien Stunden auch Sitzungen gaben. Der Unterschied zwischen diesen Medien und Dolly war für mich jeweils frappant. Die Präzision und Klarheit, die Dolly häufig erreicht, ist einmalig – ich habe das bei keinem anderen Medium vergleichbar erlebt, obwohl viele der Medien Ausbilder und gefeierte Stars in England waren. Gleichzeitig ist Dolly als Medium nie an einem

Punkt angelangt, an dem sie meinte, sie sei jetzt gut genug. Sie bildete sich stets weiter. »Man kann immer besser werden«, ist ihr Credo. Viele andere Medien sind irgendwann berühmt und vernachlässigen vor lauter Arbeit ihre Weiterbildung.

Doch eigentlich möchte ich hier von einem speziellen Erlebnis erzählen. Ich hatte mehrere Jahre als selbständiger Consultant bei einer Großbank gearbeitet. Als der Auftrag zu Ende ging, plante ich für die gesamte Abteilung eine Abschiedsfeier. Mein Geschäftspartner hatte dieselbe Idee gehabt und kurz zuvor schon einen Bowlingabend organisiert, der ein voller Erfolg gewesen war. Ich fragte mich, wie ich das noch toppen konnte. Ich wollte unbedingt etwas Außergewöhnliches bieten, das in Erinnerung bleiben sollte. Dann hatte ich die zündende Idee. Ich mietete einen Saal im Schützenhaus Albisgütli in Zürich und fragte Dolly, ob sie dort an einer Demonstration auftreten wolle. Sie zögerte, da sie nie zuvor unter ähnlichen Umständen eine Demo gegeben hatte. Es würde ja eine »mediale Vorführung« für unbedarfte Banker werden, die nicht wussten, worauf sie sich einließen, und deren Bereitschaft dafür nicht einfach vorauszusetzen war. Schließlich ließ sich Dolly überreden, nahm aber – zu ihrer Beruhigung, wie sie sagte – noch ein weiteres Medium mit, das auftreten sollte.

Der Abend war gekommen, zwanzig Personen saßen gespannt im Saal und wussten nicht, was sie erwartete. Ein Banker teilte mir mit, dass er nur am Nachtessen teilnehmen werde. Schon im Vorfeld hatte er mir erzählt, dass er einer Freikirche angehöre und es ihm nicht erlaubt sei, einer solchen Veranstaltung beizuwohnen. Dolly indes bereitete sich auf der Bühne vor, ließ Musik erklingen und erklärte dem Publikum, so könne sich die Energie einstellen, damit die Verstorbenen sich melden könnten. Die Banker wechselten mit hochgezogenen Augenbrauen Blicke untereinander, die irgendetwas zwischen Skepsis und Belustigung signalisierten. Im Nachhinein erzählten sie mir, dass sie kurz davor gewesen seien, den Saal zu verlassen. Hätte einer von ihnen den Anfang gemacht und wäre aufgestanden, um zu gehen, wären alle anderen mit ihm geflüchtet. Nur – keiner traute sich, den ersten Schritt zu tun. So blieben alle sitzen, wenn auch unter innerem Protest. Ich selbst war zugegebenermaßen auch ein wenig nervös.

Dann begann die Demo. Dolly schloss die Augen. Sie schien zu zögern. Irgendwann hob sie an und fragte in das Auditorium: »Wer von den anwesenden Herren gibt zu, in den letzten Tagen mit einer Quietschente in die Badewanne gestiegen zu sein?« Alle sahen verwundert in die Runde. Lange Sekunden vergingen. Bis sich eine Hand aus der Menge erhob. Der Lehrling der Abteilung hatte sich gemeldet. Alle lachten. Das Eis war gebrochen. Dolly erzählte, dass sich die Klavierlehrerin des Lehrlings gezeigt habe. Er hatte die alte Dame immer sehr gemocht. Diese gab ihm mit auf den Weg, dass er mehr Takt zeigen solle. Schon früher habe er ja beim Klavierspielen Mühe mit dem Takt gehabt. Jetzt, wo

er älter sei, solle er im Umgang mit Menschen, aber
auch bei der Einteilung seiner Arbeit mehr Takt zeigen
und üben, wie damals bei ihr mit dem Metronom. Jeder im Saal wusste, wovon sie sprach. Nun waren alle
Feuer und Flamme. Der Rest der Demo lief wie am
Schnürchen.

Im Anschluss gab es eine rege Diskussion über das
Geschehene. Der Chef der Abteilung meldete sich bei
mir und sagte, er habe gerade zwei Tage zuvor mit dem
Lehrling über das Thema Takt gesprochen. Sogar der
Kollege aus der Freikirche fragte mich über jedes Detail
der Demo aus und schien sehr zu bedauern, dass
er nicht dabei gewesen war. Und mehrere der Banker
buchten in der Folge bei Dolly eine Sitzung.

Sie erzählte mir später, dass sie Blut geschwitzt habe.
Denn die geistige Welt habe ihr zu Beginn der Demo
nichts anderes als die Quietschente gezeigt. Sie habe
das Jenseits um Hilfe gebeten, ihr doch mehr Informationen zu geben, doch es sei nichts gekommen. Erst als sie
die Frage an das Publikum gerichtet und sich der Lehrling gemeldet habe, sei ihr die Klavierlehrerin mit all ihren
Informationen erschienen. Im Nachhinein gesehen,
machte dies Sinn. Denn hätte Dolly von Beginn an von
einer Klavierlehrerin erzählt, dann hätte sich wohl die
Hälfte der Anwesenden gemeldet, da viele als Kinder
im Klavierunterricht waren; nur der Lehrling hätte nichts
gesagt, wie er später meinte. Wegen der Quietschente
hingegen konnte es nur einer sein. Interessanterweise fiel

es dem Lehrling nicht schwer, sich da zu outen. Die Ente sorgte gleichzeitig für einen riesigen Lacher. Und auch Dolly und ich haben uns noch an so manchem Abend über dieses Erlebnis herzlich amüsiert.

Sterben.
Anfang oder Ende?

Der Übergang

Wer nicht will, wird nie zunichte,
Kehrt beständig wieder heim.
Frisch herauf zum alten Lichte
Dringt der neue Lebenskeim.
Keiner fürchte zu versinken,
Der ins tiefe Dunkel fährt.

Tausend Möglichkeiten winken
Ihm, der gerne wiederkehrt.
Dennoch seh ich dich erbeben,
Eh du in die Urne langst.
Weil dir bange vor dem Leben,
Hast du vor dem Tode Angst.

Wilhelm Busch (1832–1908)

Es gibt eine Reihe von Fragen, die wohl alle Menschen seit Urgedenken beschäftigt: Was kommt nach dem Tod? Leben wir weiter? Werden wir unsere Liebsten wiedersehen? Angst vor der Ungewissheit, den Schmerzen, dem Loslassen lähmt uns und macht das Leben schwer. Dabei ist Angst völlig überflüssig. Der Tod ist nicht das Ende. Im Gegenteil, er ist ein

Anfang. Es ist der Beginn eines neuen Lebens, jenseits unserer Vorstellungskraft, ohne Angst, Leid und Schmerz. Wenn wir sterben, gehen wir in die geistige Welt, leben dort weiter, entwickeln uns weiter. Der Körper stirbt. Doch die Seele, die einem Körper während eines Menschenlebens innewohnt, existiert auch im Jenseits – mit ihrem Bewusstsein und dem Wissen, das ein Mensch auf der Erde gesammelt hat.

Wie kann ich das so selbstverständlich behaupten? Mein Wissen darüber stammt wie alles, was ich nun über den Tod erzählen werde, aus Berichten von unzähligen Verstorbenen, mit denen ich kommunizierte, und aus meinen eigenen Erfahrungen. Und deshalb gibt es für mich auch keinen einzigen Grund, an meinen Erlebnissen hier und auch im Kontakt mit der geistigen Welt zu zweifeln.

Mein Wissen darüber, was passiert, wenn ein Mensch stirbt, soll dir, dem Leser, die Angst vor dem Tod als endgültigem Ende nehmen, die verständlich, doch nicht nötig ist. Das Sterben selbst ist nicht mit Schmerzen verbunden. Die Zeit davor hingegen kann natürlich schmerzhaft sein, je nach Ursache für das Dahinscheiden eines Menschen: Ist es eine schwere Krankheit, ein Sturz, ein Sport- oder Verkehrsunfall, der mit längerem Leiden verbunden ist, oder aber zum Beispiel ein Herzversagen, das schnell und so gut wie schmerzfrei verläuft. Mit dem Eintritt des Todes verlässt die Seele den physischen Körper. Der Austritt der Seele aus dem Körper geht sehr schnell. Es ist vergleichbar mit dem Erwachen aus dem Schlaf, nur dass man im Falle des Todes realisiert, dass man keinen Körper mehr hat.

Alle Verstorbenen, mit denen ich bislang Kontakt hatte, erinnerten sich sehr gut an ihre letzten Stunden, auch wenn sie bereits lange vor ihrem Ableben dement oder psychisch krank waren oder im Koma lagen. Sie kannten alle Details, wussten, wer anwesend war, was gesagt wurde, wie lange es dauerte. Denn in der Welt, in der sie sich jetzt befinden, verfügen sie über ein allumfassendes Wissen. Dieses Wissen beinhaltet sämtliche Stationen ihres eigenen Lebens und aller Familienmitglieder, Verwandten und Weggefährten.

Es ist auch für mich immer wieder faszinierend, zu erfahren, an wie viele Details sich Verstorbene erinnern. Erst kürzlich erlebte ich in diesem Zusammenhang etwas, worüber ich sogar schmunzeln musste. Ein Mann saß bei mir in der Sitzung. Wie sich später herausstellte, war er Anwalt und hatte keine Ahnung, was für eine Arbeit ich mache und weshalb er mir überhaupt gegenübersaß. Seine Assistentin, sagte er mir, habe den Termin vereinbart und in seine Agenda eingetragen. Sie war der Ansicht, dass es ihm guttun würde, zu mir zu kommen. Als ich ihm erzählte, was ich mache, wollte er aufstehen und gehen. Ich sagte, es stehe ihm natürlich frei, die Sitzung abzubrechen, ich wolle ihm aber noch etwas auf den Weg mitgeben: Er müsse kein schlechtes Gewissen wegen seiner verstorbenen Mutter haben. Erstaunt blieb er sitzen.

Seine Mutter, die längst im Sitzungszimmer neben ihrem Sohn erschienen war, hatte mir kurz zuvor erzählt, dass sie vor ihrem Tod viele Monate im Krankenhaus gelegen habe. Als viel beschäftigter und hoch bezahlter Anwalt hatte ihr Sohn nie die Zeit gefunden, sie zu besuchen. Irgendwann nötigte ihn seine Assistentin zu einem Besuch im Krankenhaus. Sie hatte einen Strauß weißer Rosen gekauft und alle seine Termine verschoben. Als der Anwalt dann mit den Blumen in der Hand an die Zimmertür seiner Mutter klopfte, lag sie nicht mehr dort. Sie war eine Stunde zuvor verstorben. Seither machte sich der Mann schwere Vorwürfe, dass er sie nie besucht hatte. In der Sitzung bei mir ließ ihm seine Mutter nun ausrichten, sie bedanke sich für die weißen Rosen, die er ihr mitgebracht habe. »Ein Detail, das sie gar nicht wissen konnte, da sie zu diesem Zeitpunkt bereits gestorben war«, wie der Anwalt feststellte. Und sie ließ ihm ausrichten, sie wisse, wie viel er zu tun habe. Sein so später Besuch sei nicht schlimm gewesen. Sie sei stolz auf ihren erfolgreichen Sohn.

Ich möchte noch etwas erwähnen, was nur im weitesten Sinn hierhergehört und mir dennoch wichtig ist: Es stört mich jedes Mal aufs Neue, wenn ich sehe, wie Menschen in einem Film sterben. Es scheint, als habe sich noch kein Regisseur je die Mühe gemacht, nachzufragen, wie der Sterbeprozess tatsächlich abläuft. Denn: Ein Sterbender atmet nicht mehr aus. Beim letzten Atemzug wird eingeatmet. Gleichzeitig tritt die Seele aus dem Körper aus. Im Normalfall gerät dabei niemand in Atemnot. Es ist ein natürliches Luftholen, nach dem nicht mehr ausgeatmet wird.

Ich habe das Ablösen einer Seele vom Körper bereits mehrere Male miterleben dürfen. Die Gelegenheit dazu bot sich mir verschiedentlich, als mich Freunde oder Bekannte anfragten, als Sterbebegleiterin tätig zu sein. Es ist eigenartig, doch jedes Mal, kurz bevor ein Mensch starb, war eine ganz besondere Stimmung im Raum. Trauer natürlich bei den Angehörigen, doch auch etwas Erhabenes, Beglückendes. Das können auch all jene bestätigen, die in der Pflege arbeiten und dort Sterbende betreuen.

Das erste Mal saß ich vor rund zwanzig Jahren am Sterbebett eines Bekannten. Seine Familie saß um ihn herum. Eine

Tochter hielt seine Hand. Es war kurz vor Mitternacht, als er friedlich seinen letzten Atemzug machte. Nur wenige Sekunden später konnte ich wahrnehmen, wie eine Energie aus seinem Körper trat. Der Lichtkörper drehte ein paar Runden im Raum, bevor er kurze Zeit später mit großer Geschwindigkeit aus dem Zimmer verschwand. Es vergingen ein paar Minuten, dann konnte ich den zuvor Verstorbenen im Zimmer wahrnehmen. Er umarmte seine Kinder, die davon nichts mitbekamen. Mir lächelte er zu und ließ mich wissen, es gehe ihm gut. Es dauert also nur eine kurze Zeitspanne, bis eine Seele in der astralen Welt angekommen ist, »sich eingerichtet« hat und wieder in unserer Welt erscheinen kann. Die Verstorbenen sind nicht irgendwo weit weg von uns, sondern ganz nah, in einer anderen molekularen Ebene, die die meisten von uns nicht wahrnehmen können.

Die astrale Welt

Auch auf die Gefahr hin, dass ich mich wiederhole: Niemand muss Angst vor dem Jenseits haben. Wenn auch die Ängste erklärbar sind. Zum einen ist es in unserem Kulturkreis nicht üblich, über das Sterben, den Tod und das Jenseits zu sprechen. Diese Themen werden aus unserem Alltag verbannt. Zum anderen hat der christliche Glaube damit zu tun. Irgendwann im Lauf der Geschichte erschuf die christliche Kirche eine Vorstellung vom Tod, bei dem das Jüngste Gericht auf uns wartet. Ein strafender Gott entscheidet darüber, was mit uns passiert, und schlechte Menschen werden ins Fegefeuer gesperrt, bis sie Erlösung finden. Dieses Bild wurde aus einem simplen Grund geschaffen: um Menschen zu manipulieren. Denn wer Angst hat, gehorcht. Wer jetzt im Diesseits nicht gehorcht, wird im Jenseits bestraft. Für mich ergibt das keinen Sinn. Wo uns doch gerade die Bibel lehrt, dass Gott die Menschen bedingungslos liebt. Jesus und die Christen der ersten Stunde haben die Hölle nie als einen Furcht einflößenden Ort beschrieben, sondern als eine Zwischenstation, in der die Seele ihr Leben Revue passieren lässt. Erst im Mittelalter wurde die Hölle zu einem Ort ewiger Verdammnis. Ich hatte im Lauf meines Lebens mit mehr als zehntausend Verstorbenen Kontakt. Nie, wirklich nie, habe ich einen Verstorbenen erlebt, der bestraft wurde oder in eine Art Hölle gekommen wäre.

Nicht, dass ich falsch verstanden werde: Es geht mir nicht darum, die Kirche in ein negatives Licht zu rücken. Ich möchte vielmehr aufzeigen, woher diese Angst kommt. Ich glaube an eine göttliche Energie. Aber nicht an einen strafenden, rachsüchtigen Gott. Gott ist Liebe. Jeder besitzt das Göttliche in sich. Wir sind ein Teil Gottes, wir sind seine Kinder. Wer würde seine Kinder mit ewiger Verdammnis bestrafen?

Doch zurück zur astralen Welt: Sie ist ein Zwischenstopp, bevor eine Seele weiterwandert ins Licht. Die astrale Welt befindet sich auf einem anderen Frequenz-Level, auf einer höheren Vibration als unsere Welt. Es ist vergleichbar mit einem Radio, bei dem Langwellen- und Kurzwellenprogramme eingestellt werden können. Wenn ich mit Verstorbenen im Jenseits Kontakt aufnehme, schalte ich auf eine andere Frequenz.

Verstorbene, die in der astralen Welt angekommen sind, unterscheiden sich von den Lebenden nur in wenigen Details: Sie haben keinen Körper mehr und kein Ego. Doch die Struktur der Seele bleibt so, wie sie bereits zu Lebzeiten war. War ein Mensch schüchtern und zurückhaltend, wird er es auch dort sein, war jemand aufbrausend und energisch, behält er auch diese Züge.

In der Folge durchlebt die Seele eine Art Lebensrückschau. Ein Rückblick, den man allein macht, auch wenn man von einem Geisthelfer begleitet wird. Es ist jedoch niemand da, der uns bestraft oder uns richtet. Die Seele zieht ein Resümee über ihr vergangenes Leben, reflektiert und verarbeitet. Sie sieht, welche Fehler sie gemacht hat, was sie daraus lernen konnte oder was sie noch nicht gelernt hat. Sie erkennt, wen sie in ihrem Leben verletzt hat und was aus diesen Menschen geworden ist. Wurde ein Verschulden zu Lebzeiten geklärt, hat man das Verhalten bereut und sich entschuldigt, hat es »neutralen« Charakter. Es erscheint zwar im Rückblick, wird aber nicht auf das »Negativ-Konto« gebucht. Denn die Lebensrückschau ist vergleichbar mit einer Buchhaltung. Gute Taten werden auf das »Plus-Konto« gebucht, schlechte auf die »Negativ-Seite«. Dementsprechend kann der Rückblick schön oder auch emotional belastend ausfallen. Je nachdem, wie jemand gelebt hat. Fehlverhalten wiegt schwerer, wenn es bewusst mit in den Tod genommen wurde. Dann dauert die Läuterung wesentlich länger. Denn die Rückschau ist eine Art Läuterung, und sie hilft einer Seele, sich weiterzuentwickeln. Das Ergebnis der »Buchhaltung« hat Auswirkungen auf das nächste Leben. Die Seele kann aus diesem Prozess ihre nächsten Schritte ableiten. Offene Themen aus dem vergangenen Leben auf der Erde nimmt sie auf und geht sie im nächsten Leben an.

Es gibt Seelen, die nur kurz in dieser Zwischenwelt verweilen. Andere bleiben länger hängen. Gründe dafür gibt es diverse. Manche wollen ihren lebenden Angehörigen nahe sein, haben Angst, sie ganz zu verlieren, sollten sie weiter ins Licht gehen. Doch der Kontakt zu Angehörigen ist auch im Licht möglich. Viel freier sogar. Irgendwann lassen auch die Zögerer los und treten ins Licht. Mir fällt in letzter Zeit auf, dass gerade jene, die in traditionellem Sinn gläubig sind, länger in der astralen Welt verweilen als andere. Unter der Annahme, ein Sünder zu sein, warten sie auf das Fegefeuer. Sie können sich selbst schlecht vergeben. Dabei ist kein Gott im traditionellen Sinne da, der sie davon abhalten würde, ins Licht zu gehen. Niemand ist da, der sie verurteilt oder sagt, sie dürften nicht weitergehen.

Ich habe ebenfalls erfahren, dass Mörder und Menschen, die Suizid begangen haben, zum Teil länger in der astralen Welt verweilen als andere. Bei Letzteren ist von Bedeutung, weshalb sie Selbstmord begangen haben. War der Betreffende schon lange depressiv, hatte er keinen Zugang mehr zu seinen eigenen Gefühlen oder sah er einfach keinen Ausweg mehr, dann wird er in der Zwischenwelt zwar glücklich sein, weil er von seinem Leiden erlöst wurde. Gleichzeitig sieht er aber auch, welchen Kummer und welches Leid er seinen Angehörigen und anderen angetan hat, wie viel Schuld sie auf sich nehmen, weil sie die Tat nicht haben verhindern können. Eine andere Ausgangssituation haben Kranke, die ihrem Leben ein Ende setzten. Sie beschäftigten sich meist schon länger mit dem Tod, verabschiedeten sich und schlossen Frieden mit den Angehörigen und der Welt.

Und was passiert nun mit Mördern, Vergewaltigern und Despoten, die Gräueltaten vollbracht haben? Kommen sie einfach so davon, ganz ohne Hölle und Schmerz?

Dazu gilt zu sagen, dass eine Seele nicht per se schlecht ist. Jeder trägt den göttlichen Funken in sich, selbst Mörder, Vergewaltiger und Despoten. War die Seele zu Lebzeiten jedoch »verpackt in Fleisch und Blut«, konnte sie als Mensch durchaus Schlechtes verursachen. Nach dem Tod geht die Seele ins Gericht mit sich selbst. Sie erkennt, was richtig und was falsch war, selbst dann, wenn sie zuvor in der »Hülle« des Menschen bis zum Tod überzeugt davon war, richtig gehandelt zu haben. Die Seele muss sich nun vor sich selbst verantworten, sie urteilt über sich selbst und bekommt so eine andere Sichtweise. Während dieser Zeit verweilt die Seele in der Astralwelt. Dieser Vorgang kann gerade bei Mördern, aufgrund von Schand- und Gräueltaten, lange dauern. Geläutert durch die Astralwelt werden sie im Anschluss wiedergeboren, mit einem »Rucksack«, den sie tragen müssen. Sie können zum Beispiel von einem »Täterleben« in ein »Opferleben« rutschen. Dies erklärt auch zum Teil, warum so vielen »guten« Menschen oft so viel Leid widerfährt. All die vom Schicksal geprüften Menschen, für deren Unglück man keinen »Grund« im aktuellen Leben findet, nichts, was einem helfen würde, zu verstehen, weshalb sie so hart bestraft werden, warum sie so viel Leid erfahren müssen. Vielleicht büßen sie für ihr vergangenes Leben? Kurzum: Die guten wie die schlechten Taten, die wir im Leben vollbringen, werden uns im Jenseits und auch im nächsten Leben anhaften. Nichts bleibt vergessen. Und so sind wir alle auf verschiedenen Stufen in der Entwicklung unserer Seele.

Es gibt Filme, die meiner Meinung nach das Leben nach dem Tod teilweise recht gut wiedergeben, wie etwa »Ghost – Nachricht von Sam« oder »The Sixth Sense«. Der erstgenannte Film zeigt, wie Patrick Swayze als Sam Wheat in der Zwischenwelt festhängt, da er sich nicht von seiner Freundin lösen möchte, die sich in Gefahr befindet. Er versucht, Dinge zu bewegen und auf sich aufmerksam zu machen, um sie zu warnen. In »The Sixth Sense« sieht ein kleiner Junge Tote, die sich mitteilen möchten. Was mir bei diesem Film missfällt, ist, dass die Verstorbenen so aussehen wie bei ihrem Tod, ihr Äußeres also zum Beispiel nach einem Unfall verunstaltet ist. Derartiges habe ich noch nie erlebt. Gemäß meinen Erfahrungen erscheinen Verstorbene so, wie sie sich zuletzt (im Spiegel) gesehen haben. Einige, die zu Lebzeiten eitel waren, zeigen sich sogar zehn, zwanzig Jahre jünger und attraktiver, als sie es zum Todeszeitpunkt waren. Doch keiner war je optisch entstellt.

Wie lange der Aufenthalt in der astralen Welt dauert, ist unterschiedlich. Es kann Wochen, Monate, manchmal Jahre dauern. Wobei der Zeitfaktor im Jenseits ein anderer ist als in unserer Welt. In der Astralwelt können Jahre einen Wimpernschlag bedeuten.

Abschließend wiederhole ich noch einmal: Nach der »Bilanz« in der astralen Welt geht jeder begleitet ins Licht. Jeder! Und diesen Gang müssen wir nicht allein antreten. Wir werden gerufen und eskortiert von Verstorbenen, zu denen wir eine Bindung hatten.

Das Licht

Die letzte Ebene in der geistigen Welt ist das Licht. Was ich zu Beginn dazu erzählen möchte, ist ein paar Jahre her und geschah, als ich eines Nachmittags meditierte und in Trance verfiel. Ich befand mich in einem Zustand so tiefer Trance, wie ich sie selten erlebt hatte. Ich realisierte, wie mich ein starker Sog aus dieser Welt wegzog, hinein in eine andere Realität. Ich sah mich um und wusste: Ich war im Licht. Wie immer wieder mal seit meinen ersten Erfahrungen im Kindesalter war ich an dem Ort der bedingungslosen Liebe, an dem nichts gefordert wird, wo es nichts Schlechtes gibt, man sich leicht fühlt, schwerelos, eingebettet in ein helles Licht, das Farben leuchtend widerspiegelt, die man in unserer Welt weder findet noch beschreiben kann.

Wie für die astrale Welt gilt auch hier: Diese Welt existiert nicht irgendwo fernab von uns. Das Leben der Seelen im Licht verläuft vielmehr parallel zu unserem. Dort findet man auch die »eigene Seelengruppe« wieder. Zu unserer Seelengruppe gehören Eltern, Kinder und Verwandte, aber auch der Partner und Freunde. Man kennt sich aus vielen Leben, es gibt ein unsichtbares Band, das verbindet. Man trifft sich nach einer Reinkarnation auf der Erde wieder, ohne das Wissen, sich gekannt zu haben. Doch man spürt eine enge Vertrautheit.

Im Licht sind spirituelle Entwicklung und Wachstum möglich. Je mehr eine Seele im Diesseits lernt, umso mehr Bewusstsein und Wissen steht ihr im Jenseits und für das nächste Leben zur Verfügung. Im Licht sind die Seelen mit dem großen Ganzen, mit Gott verbunden, er ist die Übermacht, zu der wir zurückfinden. Hier ist auch Reinkarnation möglich. Die Wiedergeburt gibt unserer Seele die Möglichkeit, in einem nächsten Leben neue Lektionen zu lernen, zu wachsen und zu reifen. Vor jeder Reinkarnation setzt sie sich ein Ziel, was sie im nächsten Leben lernen möchte, wie etwa Demut, Liebe, Loslassen, Schicksal annehmen oder Spiritualität. Bis es jedoch zur Reinkarnation kommt – das zumindest ist meine Erkenntnis –, können ein paar Jahre bis Jahrhunderte unserer Zeitrechnung vergehen.

Wir müssen keine Angst haben, dass unsere verstorbenen Familienmitglieder, Freunde und Wegbegleiter in der geistigen Welt nicht mehr auffindbar sind, weil sie bereits reinkarniert sein könnten. Ich habe die Erfahrung gemacht, dass Geistwesen auf ihre Liebsten warten, bevor sie auf die Erde zurückkehren.

Wie gesagt, ich weiß nicht alles und vieles noch nicht. Dennoch ist es mir ein Anliegen, darauf hinzuweisen, dass es Medien gibt, die einem weismachen wollen, dass sie einen Kontakt zu einem Verstorbenen nicht herstellen können, weil dieser bereits reinkarnierte. Daran würde ich immer zweifeln. Zwar kann kein Medium eine Garantie abgeben, einen bestimmten Kontakt herstellen zu können. Nach meinen Beobachtungen und Erfahrungen warten Verstorbene jedoch meist so lange mit ihrer Reinkarnation, bis ihre Liebsten und Nächsten bei ihnen sind. Manchmal möchten sich Geistwesen jedoch einfach nicht zeigen. Das passiert, wenn auch selten. Auch dann ist ihre Präsenz aber spürbar. Das sollte jedes Medium wissen – genauso, dass auch in unserem Beruf die Aus- und Weiterbildung nicht zu kurz kommen darf.

Wir sind nicht allein

Verstorbene

Ich werde häufig gefragt, wie die geistige Welt aussieht. Außerdem, ob und wann man seine Liebsten wiedersieht und ob sie bei uns bleiben. Ich kann alle, die das wissen wollen, beruhigen: Wir sind nicht allein! Es gibt Geisthelfer, wie sie im englischen Spiritualismus genannt werden, die uns beim Übertritt in die geistige Welt begleiten. Auch verstorbene Verwandte, Ehepartner oder Freunde unterstützen uns dabei. Es kann vorkommen, dass diese dem Sterbenden bereits Wochen vor seinem Tod beistehen. Sie helfen ihm, loszulassen und den Schritt in die geistige Welt zu machen. Ich vergleiche es gern mit folgendem Bild: Ein Kind steht an einem Bach. Seine Mutter befindet sich auf der anderen Seite und ruft: »Komm her, hier ist es schön, bitte spring!« Den Mut, zu springen, muss das Kind jedoch selbst aufbringen. Oft klammern sich Sterbende ans Leben. Sie hätten längst loslassen können, doch sie wollen nicht, sie haben Angst und möchten ihre Familie nicht zurücklassen. Häufig stehen ihnen dann die genannten Helfer bei, um ihnen das Loslassen zu erleichtern.

Ich kann mich noch gut daran erinnern, wie es war, als meine Großmutter mütterlicherseits starb. Sie war schon viele Jahre lang dement gewesen. Gegen Ende ihres Lebens erkannte sie kaum jemanden mehr. Sie schlief nur noch und stöhnte, wenn sie wach war. Besuchte ich sie, sprachen wir kaum. Ich hielt ihre dünne Hand und übermittelte ihr Heilenergie – nicht um ihren Körper zu heilen, sondern um sie in Liebe und Licht zu hüllen. Einmal, als ich sie besuchte, passierte etwas, womit ich nicht gerechnet hatte: Meine Großmutter richtete sich plötzlich in ihrem Bett auf, zeigte mit ihren knochigen Fingern ins Leere und sagte: »Hier kommt der Grossäti.« Grossäti nannten wir ihren Mann, der drei Jahre zuvor gestorben war. Ich richtete meinen Blick dorthin, wohin sie gezeigt hatte, und konnte tatsächlich meinen verstorbenen Großvater sehen. Meine Großmutter sah ihm nach, wie er durch den Raum ging, um ihr Bett herum und sich neben sie setzte.

»Der Grossäti ist schon lange drüben, Grossmueti«, sagte ich. »Das weiß ich doch«, fauchte sie gereizt zurück. Es war einer ihrer seltenen lichten Momente. »Willst du nicht auch gehen?«, fragte ich sie. »Er wartet auf dich.« Meine Großmutter sah mich lange an. »Meinst du denn, es ist glatt dort drüben?« Ich schmunzelte, weil sie das Wort »glatt« verwendete, das so viel wie »lustig« bedeutet. »Ja, das ist sicher eine glatte Sache dort drüben«, beruhigte ich sie, »sieh nur, der Grossäti schaut ganz zufrieden aus.« Daraufhin fiel meine Großmutter in ihr Kissen zurück. Sie schlief ein und starb kurz darauf. Mein Großvater war gekommen, um meiner Großmutter beizustehen. In ihren letzten Stunden konnte sie ihn wahrnehmen. Sie wusste, sie war nicht allein auf diesem Weg.

Geistführer

Die einen sprechen vom Geistführer (jener, der den Geist führt), andere nennen es höheres Selbst, Schutzengel, Intuition oder innere Stimme. Die Kraft, von der ich spreche, hat viele Namen. Für mich ist es der Geistführer, und sicher ist: Er ist unser bester Freund, auch wenn wir uns dessen nicht bewusst sind. Er kennt uns von Geburt an, beschützt uns, hilft uns, ist ausschließlich nur für uns da und begleitet uns bis zu unserem Tod. Ohne je seine Arbeit niederzulegen oder sich zu beschweren. Geistführer haben keine materiellen Körper. Sie existieren in Form eines Lichtkörpers, der sich ebenso schnell fortbewegt wie das Licht. Um die Kommunikation mit ihnen zu erleichtern, helfen sie uns manchmal, indem sie eine menschliche Form annehmen. So können wir eine Vorstellung entwickeln über die Persönlichkeit, die hinter ihnen steckt, und über ihre Stärken und Qualitäten. Dafür rufen sie ein Bild in uns hervor.

Die Hauptaufgabe des Geistführers liegt darin, Menschen in ihrem persönlichen und geistigen Wachstum zu unterstützen und sie auf ihren vorgesehenen Pfad im Leben zurückzuführen. Geistführer waren schon einige Male auf der Erde, sie kennen die Vorteile und Probleme, die das Leben hier mit sich bringt. Aufgrund ihrer vielen Reinkarnationen haben sie einen hohen Grad an Wissen und ein hohes Bewusstsein erreicht, weshalb sie sich irgendwann entschlossen haben, nicht mehr auf die Erde zurückzukehren, sondern einen Menschen zu begleiten und zu unterstützen.

Unseren Geistführer kennen wir übrigens nicht aus einem früheren Leben. Er ist ein völlig Unbekannter. Neben dem »Hauptgeistführer« gibt es noch Geisthelfer, die einem Menschen beistehen und je nach Entwicklungsstadium wechseln können. Uns steht somit ein ganzes Team zu unserer Unterstützung zur Verfügung. In unserer Kindheit haben wir meist andere Geisthelfer als während des Studiums oder des Arbeitslebens. Wer immer bei uns bleibt, ist der Hauptgeistführer. Jeder von uns sollte eine Beziehung zu seinem Geistführer aufbauen. Wird er nicht um konkrete Hilfe gebeten, leistet er eine Art Notprogramm. Er unterstützt uns trotzdem, konzentriert sich dann jedoch vornehmlich auf seine Hauptaufgabe: uns Menschen nicht von unserem Lebensplan abkommen zu lassen und immer wieder darauf hinzuweisen.

Jeder Mensch hat einen Lebensplan. Diesen Plan wählten wir anlässlich unserer Reinkarnation selbst aus. Bei der folgenden spirituellen Entwicklung, nachdem wir geboren sind, hilft uns unser Geistführer. Steht im Lebensplan eines Menschen, er solle lernen, Mitmenschen zu helfen, weil er über diese Aufgabe in seinen vergangenen Leben hinwegsah, wird ihn sein Geistführer immer wieder auf dieses Thema lenken. Vergleichbar mit der schon erwähnten Reise an einen Ort, wo wir etwas Wichtiges erledigen müssen, bei der es aber egal ist, ob wir einen Weg über Land nehmen oder die Autobahn. Wichtig ist, dass wir unserem Ziel entgegenfahren und nicht einen anderen Bestimmungsort wählen. Auch Zwischenstopps werden akzeptiert, solange wir das eigentliche Ziel nicht aus den Augen verlieren.

Ein Geistführer respektiert den freien Willen des Menschen. Wenn man ihn nicht um Hilfe bittet, greift er nicht ein. Dabei könnte dieser Helfer unsere Lebensqualität verbessern. Er unterstützt uns nicht nur auf der Suche nach einem Parkplatz oder verlorenen Schlüsseln. Natürlich kann man ihn auch darum bitten, will man sich den Alltag erleichtern. Doch die wahren Stärken dieses Begleiters liegen woanders. Er kann uns dabei unterstützen, richtige Entscheidungen entsprechend unserem Lebensplan zu treffen, indem er Empfehlungen »ausspricht« oder in Form von Zeichen wie zum Beispiel wiederkehrenden Gedanken aus dem Nichts oder intensiven Träumen auf mögliche Komplikationen hinweist. Hat man Streitigkeiten, könnte man ihn darum bitten, die Situation zum Wohle aller Beteiligten zu verbessern oder hilfreiche Impulse oder Ideen zu übermitteln. Manchmal allerdings greifen Geistführer bewusst nicht ein. Dann sollen wir eine Situation, unserem Lebensplan entsprechend, allein bewältigen, um daran zu reifen. Beschützt und geführt sind wir dennoch, auch wenn es vielleicht im Moment nicht danach aussieht.

Manchmal scheint es nur so, als hätten wir selbst eine Idee gehabt. Doch eine selbst geschaffene Idee und eine Eingebung unterscheiden sich erheblich. Die selbst entwickelte Idee ist in einem intensiven Denkprozess im Kopf herangereift. Die Eingebung erfolgt spontan wie aus heiterem Himmel, der Impuls kommt also von außen und nicht von innen. Es ist ein Geistesblitz, der uns keine Kraft kostet. Wer bewusst darauf achtet, merkt den Unterschied. Geisthelfer wie Geistführer schicken manchmal, neben Eingebungen, auch einen anderen

Menschen, der helfen soll, indem er eine Idee oder einen Anstoß liefert, um ein Problem zu lösen. Je offener wir sind, desto mehr kann uns geholfen werden. Manchmal spüren wir vielleicht, dass uns jemand nicht guttut. Oder etwas sagt uns, dass wir eine andere Straße nehmen sollten. Wie oft hören wir diese innere Stimme, ignorieren sie und bereuen es im Nachhinein? Oder wir denken spontan, einen Freund anrufen zu müssen, und sind dann froh, es getan zu haben, weil er unsere Hilfe benötigt.

Unseren Hauptgeistführer können wir durch gezielte Meditation und Gedankenkontrolle wahrnehmen lernen. Man braucht jedoch ein wenig Übung, bis die Kontaktaufnahme klappt. Ich lernte meinen Geistführer in England kennen, während eines Kurses im Arthur Findlay College. Dort war ein regelrechter »Geistführer-Hype« ausgebrochen. Alle Studenten wünschten sich einen Indianer als Geistführer. Ich natürlich wollte keinen Indianer – aus dem einfachen Grund, weil alle andern einen wollten. Und dann passierte es: Nach ein paar Tagen der Übung hatte ich auf einmal ein Bild vor meinem geistigen Auge. Klar und deutlich sah ich zum ersten Mal meinen Geistführer vor mir: einen Indianer. Genauer gesagt, einen Indianer vom Stamm der Hopi, denen nachgesagt wird, dass sie den Schutz von Mutter Erde übernommen haben. Er sah genau so aus, wie ihn sich die anderen Studenten wohl vorgestellt hatten: eher klein, aber kräftig, und mit langen schwarzen Haaren. Und um das gängige Klischee vollends zu bedienen: Mir fielen sofort seine edlen Gesichtszüge auf und sein strenger Blick.

Dann realisierte ich, dass er es war, den ich als Kind häufig gesehen hatte, nur nicht in der Gestalt des Indianers, sondern eher schemenhaft und vor allem als eine Energie, die mit kräftigem Rot einherging. Er hatte sich mir schon früh gezeigt, nur konnte ich als Kind nichts damit anfangen. Heute spüre ich die Anwesenheit meines Geistführers besonders intensiv, während ich medial arbeite. Will er mir zeigen, dass er da ist und mich leitet, legt er seine Hand auf meine Schulter. Wird mir heiß oder nehme ich eine rote Energie wahr, weiß ich, dass ich nun aufmerksam sein sollte. Manchmal flackert auch kurz ein Bild von ihm auf, ein Lächeln, mit dem er sagen will: Hallo, ich bin da. Dauernd sein Bild zu sehen, ist nicht nötig. Es wäre zu aufwendig. Denn es benötigt sowohl von seiner als auch von meiner Seite her einen beträchtlichen Energieaufwand. Diesen Aufwand spare ich mir, da ich weiß, wie »mein Indianer« aussieht, und ich seine Botschaften empfange, auch ohne Bild.

Engel

Dieses Kapitel ist eines der kürzesten in diesem Buch. Ich kann nicht viel über Engel berichten, da ich den Kontakt mit Engeln und übergeordneten Wesen selten suche. Was nicht heißt, dass es sie nicht gibt. Ich bin überzeugt davon, dass es in der geistigen Welt Engel gibt. Auch wenn man sich diese nicht mit Flügeln und langen weißen Gewändern vorstellen darf, wie man sie aus Bildern und Plastiken in der christlichen

Tradition kennt. Mit dieser Überzeichnung wird versucht, die Existenz von Engeln überhaupt darzustellen. Wenn man sie so darstellen müsste, wie sie tatsächlich wahrnehmbar sind, dann wohl am ehesten in Form eines Energiekegels. Doch auch dieser ist schwierig abzubilden. Deshalb lassen wir es am besten ganz sein. Begnügen wir uns mit dem Wissen: Engel sind Seelen mit einem hohen Bewusstsein.

Den meisten von uns sind in unserem alltäglichen Leben nur die Schutzengel ein Begriff. Und wir reden von ihnen auch dann, wenn wir keinen näheren Bezug zu einer Religion haben. Dann, wenn jemand wie durch ein Wunder aus einer misslichen Lage befreit oder gar vor einer tödlichen Gefahr bewahrt wurde. Diese »Schutzengel« sind für mich Geisthelfer, die den Hauptgeistführer unterstützen und wechseln können, je nach Entwicklungsstadium eines Menschen. Schutzengel können daher verstorbene Verwandte sein, wie zum Beispiel ein Großvater, der sich um das Wohl seines Enkels kümmert. Sie können den Geführten auch tröstend und schützend zur Seite stehen. Ich möchte mit meinen Aussagen niemandem zu nahe treten, der an Schutzengel glaubt oder eine andere Meinung vertritt. Ich verwende einfach einen anderen Namen für sie.

Störenfriede aus dem Jenseits

Zu Hollywood gehören Horrorfilme. Zu Horrorfilmen gehören Dämonen. Hollywood ist ohne die bösen Geister, die uns kalte Schauer über den Rücken jagen, nicht vorstellbar. Aber all das ist reine Fiktion. Das Dämonische, wie es Hollywood oder die christliche Kirche kennt, habe ich noch nie wahrgenommen, geschweige denn erlebt. Und das ist auch gut so. Ebenso wenig kann uns ein Verstorbener ernsthaften Schaden zufügen. Wenn wir die Treppe hinunterfallen, ein Ziegel vom Dach fliegt und uns trifft oder uns jedes zweite Glas aus der Hand fliegt, ist kein böser Geist daran schuld. Es ist ganz einfach Pech.

In gewissen Fällen kann es vorkommen, dass Geistwesen verantwortlich sind für »Spukphänomene«. Dabei führen sie jedoch nichts Böses im Schilde. Sie möchten auf sich aufmerksam machen, da sie den Hinterbliebenen etwas mitteilen wollen. Sie machen sich dann beispielsweise durch das Ein- und Ausschalten von Lampen bemerkbar, manipulieren elektrische Geräte oder wechseln die Sender im Fernsehen. Manchmal machen sie sich auch durch Klopfgeräusche bemerkbar, bewegen Gegenstände, lassen Telefone läuten – hebt man ab, ist niemand am anderen Ende der Leitung. Einige Klienten erzählten mir, dass plötzlich alle Uhren stehen geblieben seien oder dass eine fremde Präsenz im Haus sie nicht habe schlafen lassen. Trotzdem gilt es, vorsichtig zu sein mit vorschnellen Behauptungen. Zuerst sollte man überprüfen, ob nicht etwas anderes für das vermeintliche Phänomen verantwortlich ist, Manipulationen von Menschenhand zum Beispiel, oder ob nicht ein technischer Defekt vorliegt. Erst wenn all das ausgeschlossen werden kann, könnte es sein, dass ein Verstorbener, der die Aufmerksamkeit der Lebenden sucht, schuld daran ist.

Tiere übrigens sind ein guter Indikator für die Anwesenheit von Verstorbenen. Es kam vor, dass unser Hund Jimmy manchmal mitten im Winter ins Freie rannte und den Schnee anbellte. Ging ich dann nachschauen, sah ich regelmäßig meinen verstorbenen Großvater im Garten herumspazieren, Jimmy bellend im Schlepptau. Tiere haben eine feinere Wahrnehmung als Menschen. Hunde und Katzen schauen häufig in Ecken oder beobachten etwas, das wir nicht sehen. Hunde bellen oder beginnen mit dem Schwanz zu wedeln, Katzen verlassen ihren Lieblingsplatz und machen einen Buckel. Scheinbar alles ohne Grund.

Es kann passieren, wenn auch eher selten, dass sich Geistwesen an uns heften, um unsere Aufmerksamkeit zu bekommen. Ich selbst machte bislang zweimal diese Erfahrung. Es war im November 2016, als ich bemerkte, dass irgendetwas mit mir nicht stimmte. Ich war angeschlagen, deprimiert und hatte keine Energie mehr. Obwohl es keinen Grund dafür gab. Ich war weder überarbeitet, noch hatte ich etwas Negatives erlebt. Versuchte ich, »meine Batterien aufzuladen«, mit Sport, Lesen oder Relaxen, waren sie sofort wieder leer. Als dieser Zustand über mehrere Wochen anhielt, reagierte ich.

Ich nahm Kontakt auf mit der geistigen Welt. Da wurde mir schnell klar, was meinen Zustand verursachte: Meine Großmutter väterlicherseits war schuld daran. Lange schon wollte sie mit mir Kontakt aufnehmen. Da ich jedoch außerhalb meiner Arbeit immer »offline« bin, war sie nicht »durchgekommen«. So hatte sie eine andere Strategie gewählt. Während andere Geistwesen Lampen ein- und ausschalten oder einfache Klopfzeichen geben, hatte sie sich an mich gehängt und mir Energie entzogen. »So eine Frechheit«, war meine erste Reaktion. Erst einmal hatte ein Geistwesen ähnlich auf sich aufmerksam gemacht (ich habe das im Kapitel »Stalkerin aus dem Jenseits« ausführlich erzählt).

Aber es passte zu meiner Großmutter. Zeitlebens war der Umgang mit ihr schwierig gewesen. Sie war eine neurotische und herrschsüchtige Frau. Obwohl sie im Grunde ihres Herzens ein guter Mensch war, lebte sie stets ihre negative Seite aus, sie zerstritt sich mit der ganzen Familie und brachte selbst vor ihrem Tod 2006 nichts in Reine. Nun, da sie in der astralen Welt war, erkannte sie in ihrer Lebensrückschau, was sie mit ihrem Verhalten bei anderen angerichtet hatte. Sie wollte sich durch mich bei meinem Vater für ihre Versäumnisse entschuldigen und hatte keinen anderen Weg gefunden, um auf sich aufmerksam zu machen. Ich war noch eine Zeit lang sauer, doch meine Großmutter fand ihren Frieden. Als ich das nächste Mal nach ihr sah, hatte sie die astrale Welt verlassen und war ins Licht getreten.

Religion

Als Kind hatte ich keine Wahl. Ich wurde ohne meine Einwilligung getauft, reformiert erzogen, wurde angehalten, am Sonntag in die Kirche zu gehen. Früher zweifelte ich oft, dass es einen Gott gibt. Heute bin ich überzeugt von seiner Existenz. Der Glaube ist für uns Menschen wichtig. Egal, ob man dem Christentum, dem Buddhismus, dem Judentum oder irgendeiner anderen Glaubensgemeinschaft angehört. Man glaubt an etwas, ist Teil davon, zieht Kraft daraus. Ich bin überzeugt, dass jede Religion Aspekte enthält, die wahr sind. Doch keine beinhaltet die gesamte Wahrheit, keine bietet eine allumfassende Erklärung für die Mysterien des Lebens und des Todes. Auch nicht der Spiritualismus.

Alle großen Glaubensgemeinschaften wurden durch die Worte, Visionen und Erkenntnisse großer Propheten, Seher und Medien gegründet, die inspiriert waren von Gott oder der universellen Macht. Doch ihre Aussagen wurden durch falsche Übersetzungen von Menschen verändert, die nicht von Gott inspiriert waren. Zweifel ergaben sich auch dadurch, dass mündliche Überlieferungen häufig erst viel später aufgezeichnet wurden. Die Evangelien zum Beispiel wurden 120 Jahre nach dem Tod Christi aufgeschrieben. Was wurde richtig überliefert? Für mich sind es die Zehn Gebote. In allen Weltreligionen sind ähnliche Gebote verankert. Es sind sinnvolle Regeln, die das friedliche Zusammenleben der Menschen festschreiben.

Ich glaube auch an die Macht der Gebete. Im Vaterunser steckt eine unglaubliche Kraft. 2,1 Milliarden Christen kennen es. Würden es all diese Menschen gemeinsam beten, könnte diese Kraft viel Gutes bewirken. Es ist wie ein Mantra, das durch die stetige Wiederholung seine Kraft behält und wirkt. Ich habe das Vaterunser auch meine Kinder gelehrt. Wir beten es meist gemeinsam vor dem Schlafengehen.

Um Gott nahe zu sein, muss ich meines Erachtens nicht in einer Kirche sitzen. Ich begegne ihm jede Minute meines Lebens und kann mit ihm sprechen. Wir sind ein Teil Gottes. Gott ist in uns. Er wacht über uns. Wir sind seine Kinder. Ich möchte niemanden angreifen mit dem, was ich über Religion und Glauben schreibe. Ich erzähle hier nur, wie ich es erlebe, und ich bin überzeugt davon, dass es immer gut ist, die Dinge kritisch zu hinterfragen.

Wie Medialität funktioniert

Hellfühlen

Ein zentrales Thema meiner medialen Seminare und Schulungen sind die »fünf Sinne«. Zum einen ist es für angehende Medien und spirituell Interessierte wichtig, ihre fünf Sinne zu schulen und zu lernen, sie einzusetzen: Sie werden täglich damit arbeiten. Außerdem halte ich die Sinne für ein wichtiges Werkzeug. Leider haben viele von uns im Laufe der Jahre verlernt, sie auch sensitiv zu nutzen.

Betrachten wir einmal, wie neues Leben beginnt. Jeder Mensch wird, sofern er körperlich gesund ist, mit fünf Sinnen geboren. Bereits als Fötus und unmittelbar nach der Geburt setzen wir, unbewusst, diese Sinne ein: Sehen, Fühlen/Tasten, Hören, Riechen, Schmecken, all das muss erlernt werden, Schritt für Schritt. Das Baby speichert die Stimme der Mutter, die ein Lied singt, das Geräusch, das es hört, wenn Wasser plätschert oder wenn ein Auto vorbeifährt. Zu diesen Tönen werden gleichzeitig Bilder gespeichert. Der ganze Tag ist ein Lernprozess.

Kinder nehmen ihre Umwelt mit den Sinnen wahr, legen die Eindrücke mit Bildern und Worten in einem »Erinnerungsspeicher« ab. Interessant dabei ist: Kinder haben (noch) einen ausgeprägten Instinkt. Sie spüren häufig, was kommen wird, sie fühlen sich in eine Situation hinein, ohne sie benennen zu können, oder sie haben Vorahnungen, können diese jedoch nicht deuten. Leider geht bei den meisten Kindern dieser Instinkt, ihre Sensibilität verloren, je älter sie werden und je mehr sie sich den gesellschaftlichen Normen und Pflichten anpassen müssen. Dieses innere Sehen, Fühlen und Hineinhören wird in den Hintergrund gedrängt.

Ab und an, meist in schwierigen Lebenslagen, greifen wir auf unsere »übersinnliche« Wahrnehmung zurück. Wir folgen einer inneren Führung. Denn in Notsituationen bleibt dem Gehirn meist keine Zeit, das Vorgehen zu analysieren. Wir fragen uns dann im Nachhinein, warum wir so gehandelt haben, und können uns das nicht erklären. Wir haben instinktiv gehandelt. Meist war es der richtige Entscheid. Doch leider orientieren wir uns oft nur an dem, was wir hören, sehen, fühlen und verstehen können. Alle unsere inneren Wahrnehmungen, die wir mit auf den Weg bekommen haben, lassen wir verkümmern. Wir sollten lernen, wieder mehr auf unser Bauchgefühl zu hören, unseren ersten Eindrücken Glauben zu schenken und gleichzeitig unser analytisches Denken auszuschalten. Gerade dann, wenn es um wichtige Entscheidungen geht.

Uns allen ist schon mal Ähnliches passiert: Jemand wurde uns vorgestellt, den wir nicht einschätzen konnten oder der uns nicht gefiel. Es ging dabei weniger um Äußerlichkeiten, sondern vielmehr um eine instinktive Vorsicht im Augenblick des Kennenlernens. Der Bauch, die Intuition meldeten: Achtung! Später jedoch, nachdem wir mehr Zeit mit dieser Person verbracht haben, Gespräche geführt, gleiche Hobbys entdeckt und Einstellungen geteilt, haben wir unseren ersten Eindruck revidiert. Die Warnsignale, die wir beim Kennenlernen wahrgenommen haben, wurden verdrängt. Später, wie aus dem Nichts heraus, hat uns dann diese Person verletzt und enttäuscht. Für uns völlig unverständlich. Doch eigentlich hatten uns unsere Sinne gleich am Anfang schon gewarnt.

Auch mir blieben solche Erfahrungen nicht erspart. Ich ließ mich auf Menschen ein, obwohl mein Bauchgefühl Nein sagte – und es folgten Enttäuschungen. Hätte ich auf meine Intuition gehört und nicht auf meinen Verstand, wären mir diese Erlebnisse erspart geblieben oder zumindest weniger schmerzhaft ausgefallen.

Ich möchte damit nicht sagen, dass wir uns jedem Menschen verschließen sollten, bei dem wir ein diffuses Gefühl haben. Doch wir sollten häufiger auf unser Bauchgefühl hören und auf die Bremse treten, wenn es Nein sagt. Wir können mit dieser Person trotzdem einen schönen Abend verbringen oder ein gutes Gespräch führen. Doch wir sollten nicht zu offen sein oder unsere wunden Punkte preisgeben.

Auf die Intuition zu vertrauen, kann in vielen alltäglichen Lebenslagen nützlich sein: Unser Bauchgefühl kann uns vor einem Ausflug warnen, der ins Wasser fällt, es kann die Lebensmittelliste im Supermarkt ersetzen oder uns die richtige Straße zeigen. Bin ich in einer fremden Stadt, folge ich oft nur meinem Instinkt. Wenn ich mich verlaufe, halte ich inne, schalte meinen Kopf aus und achte bewusst auf meine Gefühle. Ich habe auch schon Termine abgesagt, auf die ich mich gefreut hatte, ohne zu wissen, warum. Im Nachhinein stellte sich meist heraus, dass die Party, die Besprechung oder das Date ein Reinfall gewesen wäre. Ein Skeptiker würde dem entgegenhalten: »Zufall!« Ich würde antworten: »Ja, es fällt mir zu.«

Zugegeben, in unserer Gesellschaft ist es nicht einfach, unserem Gefühl den Vorrang zu geben. Gerade wenn es um wichtige Entscheidungen geht. Würden wir ein tolles Jobangebot mit der Begründung ablehnen, unser Gefühl sage Nein, würde das kaum jemand verstehen. Da hören wir schon lieber auf unseren Kopf und schalten das angeborene Warnsystem aus.

Doch wie funktioniert nun das Hellfühlen eines Mediums? In den medialen Schulungen, die ich gebe, kann ich häufig beobachten, wie die meisten die ersten Mitteilungen aus der geistigen Welt mit ihren Gefühlen wahrnehmen. Diese Fähigkeit wird im Spiritualismus als hellfühlend bezeichnet. Es kann eine Veränderung von warm auf kalt sein, die man auf der Haut spürt. Oder man bekommt eine Gänsehaut, obwohl sich die Temperatur im Zimmer nicht verändert hat. Manche bemerken einen kühlen oder einen warmen Hauch an Beinen oder Armen. Diese Veränderungen geschehen vor allem dann, wenn wir mit Energie arbeiten und uns auf eine andere Frequenz einstellen – jene der geistigen Welt.

Verstorbene können sich am besten über unsere Gefühle bemerkbar machen. Sie treten in unser Energiefeld. Durch die energetische Veränderung fühlen wir Temperaturunterschiede auf der Haut. Wir fühlen auf einmal kalt oder warm oder ein Kribbeln im Nacken-Schulter-Bereich ohne ersichtlichen Grund dafür. Ist jemand geschult darin, könnte er mit seinen anderen Sinnen über die Hellhörigkeit oder Hellsichtigkeit identifizieren, wer da in sein Energiefeld getreten ist. Jeder Mensch ist hellfühlend, nur haben die meisten verlernt, damit umzugehen oder darauf zu achten. Fühlen gehört zum Leben, tagtäglich. Es ist daher für jeden Menschen relativ einfach, seine Hellfühligkeit zu schulen.

Hellsehen

Vor nicht allzu langer Zeit bezeichnete man ein Medium noch als Hellseher. Was daran lag, dass in der Geschichte all jene, die scheinbar außergewöhnliche Fähigkeiten hatten, Hellseher genannt wurden. Eine Bezeichnung, die nicht präzise ist, wie man heute weiß. Das Hellsehen ist nur ein Puzzlestück der fünf Fähigkeiten, auf die ein Medium zugreifen kann. Hellsehen bedeutet: Jemand erhält Bilder ohne Ton und Gefühl. In meinem Alltag als Medium würde mir das Hellsehen allein nicht viel nützen. Ich muss es mit anderen übersinnlichen Sinnen verknüpfen.

Sehe ich beispielsweise bei einer Kontaktaufnahme mit der geistigen Welt eine junge Frau mit halblangen Haaren und in einem Sommerkleid, kann ich wenig daraus schließen. Weder, ob sie eine Verwandte meines Klienten ist, noch, wie sie heißt oder wie alt sie ist. Natürlich kann ich die Frau im Detail beschreiben, woraus der Klient vielleicht erkennen kann, dass es sich um seine verstorbene Mutter handelt. Was aus meiner Sicht jedoch zu vage ist und durch meine subjektive Beschreibung – was ich als schön oder als beleibt oder als markante Nase empfinde – auch ein falsches Bild erzeugen kann. Dass dem so ist, würde wohl auch jeder Phantombildzeichner bestätigen.

Hellsehen ist kein herkömmliches Sehen mit den Augen. Meist ist es ein inneres Sehen. Es ist eine Mischung aus Energie und Farben, die man wahrnimmt. Manche Medien sehen eine farbige Aura oder können die Energiesäule eines Verstorbenen erkennen. Das Auge wird dabei in einen anderen Einstellmodus gebracht. Ungefähr so, wie ein Künstler ein Ölbild aus der Nähe betrachtet. Er kneift die Augen zusammen und erhält dadurch ein schärferes Bild.

Die geistige Welt ruft in einem Medium Bilder hervor, die in ihm gespeichert sind. Möchte mir beispielsweise ein Verstorbener mitteilen, dass er zu Lebzeiten eine Reise nach Pisa gemacht hat, ruft er in mir ein Bild vom schiefen Turm von Pisa hervor. Eine Verstorbene holte in mir die Erinnerung an einen Maronistand in Zürich hervor, an dem ich ein paar Tage zuvor etwas gekauft hatte. Es war jener Stand, an dem sie und ihre Tochter immer gemeinsam Maroni gegessen hatten. Ein Geistwesen kann in mir auch das Bild eines Hundes hervorrufen, um zu zeigen, dass es zu Lebzeiten einen Hund hatte. Wichtig ist allerdings, dass ich die Rasse kenne, die mir der Verstorbene zeigen will, genauso, wie ich den schiefen Turm von Pisa und den Maronistand schon einmal gesehen haben muss. Wenn ich das alles nicht kenne, kann es auch nicht abgerufen werden. Je mehr Erfahrungen und Wissen ich als Medium in mir ablege, desto detaillierter kann ein Geistwesen diese Informationen verwenden. Es ist vergleichbar mit einer Datenbank an Erinnerungen und Erlebnissen, die ich in mir angelegt habe, auf die alle Verstorbenen zugreifen können, die mit mir kommunizieren.

Hellschmecken

Die Sinne eines jeden Menschen sind unterschiedlich gut ausgebildet. Dasselbe gilt für Medien. Manche können hellsehen, andere hellhören oder hellfühlen, und nur die wenigsten haben die Fähigkeit, auf alle Sinne zuzugreifen. Was auch nicht nötig ist.

Das Hellschmecken ist in den Anfängen der Medialität oft ausgeprägt. Dieser Sinn verabschiedet sich zwar nie endgültig, verliert jedoch im Lauf der Jahre an Bedeutung. Hellschmecken kann man jede Geschmacksrichtung, die wir von Speisen her kennen: bitter, sauer, süß, scharf oder herb. Es kann vorkommen, dass ein Verstorbener das Medium den Geschmack eines Apfels erfahren lässt, um darauf hinzuweisen, dass er gern Apfelkuchen aß. Liebte er Kautabak, kann er auch diesen Geschmack hervorrufen. Alle Speisen oder Vorlieben der Geistwesen können so über ein Medium mitgeteilt werden. Sofern das Medium den Geschmack kennt.

Je besser jedoch ein Medium im Lauf der Zeit seine anderen Sinne entwickelt, desto häufiger wird die geistige Welt diese anderen Sinne nutzen. Das Bild einer Packung Kautabak ist schneller erklärt – und dem Medium wird erspart, Tabak zu schmecken.

Hellriechen

Hellriechen läuft folgendermaßen ab: Über das Gehirn wird ein Geruch hervorgerufen und vom Medium erkannt; er verflüchtigt sich auch gleich wieder. Es passiert mir ab und zu, dass ich den Geruch von Motorenöl »in der Nase« habe. Der Verstorbene zeigt mir damit zum Beispiel, dass er zu Lebzeiten als Automechaniker gearbeitet hat. Am Geruch von frischen Holzspänen erkenne ich den Beruf eines Tischlers oder etwas Ähnliches. Es kann auch vorkommen, dass ich eine Fischsuppe rieche, wenn ich die Lieblingsspeise des Verstorbenen übermittelt bekomme. Früher benutzten die Verstorbenen meinen Geruchssinn viel häufiger als heute. Doch ich freue mich immer wieder, wenn ich dank meinem Geruchssinn eine Spezialität aus Großmutters Küche erkenne und so beim Klienten ein längst vergessenes Wohlgefühl in Erinnerung bringen kann.

Hellhören

Das Hellhören ist einer der wichtigsten Sinne für ein Medium. Dabei steht kein Engelchen hinter dem Ohr und flüstert etwas ein. Auch spricht das Geistwesen nicht direkt zum Medium. Das wäre gar nicht möglich, da beim Übergang in die geistige Welt der Körper zurückgelassen wird. Deshalb bedient sich die geistige Welt beim Hellhören unserer Erinnerungen. Verstorbene können nicht nur Bilder und Gefühle hervorrufen, die ein Medium abgespeichert hat, sondern auch Stimmen. Jedes Gespräch, das ich je geführt habe, kann zu einem späteren Zeitpunkt abgerufen werden. Das ist vergleichbar mit Erinnerungen an ein Gespräch mit einer Freundin. Denkt man an die Details zurück, so ist der Ton, die Ausdrucksweise und die Rhetorik der Freundin eine andere als die eigene.

Genauso geht es mir als Medium, wenn ich hellhörend arbeite. Ich höre eine innere Stimme und habe das Gefühl, dass es meine Stimme ist. Doch die Satzstellung, der Tonfall und die Rhetorik weichen von meiner eigenen ab. Anders ausgedrückt: Beim Hellhören übergebe ich mich ganz der Energie des Verstorbenen. Dieser übernimmt und nutzt einen Teil meines Gehirns, um Stimmen, die in mir abgespeichert sind, hervorzurufen. Spricht ein Medium beispielsweise viele Sprachen, kann sich die geistige Welt dieser Sprachen bedienen. Ich mag es sehr, wenn Verstorbene mit mir in einer anderen Sprache sprechen. So weiß der Klient oft sofort, um wen es sich handelt, weil der Verstorbene in dieser Sprache gesprochen hat. Es gibt übrigens keine Sprachbarrieren in der geistigen Welt. Die Verstorbenen bedienen sich der Sprache des Mediums. Sprach das Geistwesen zu Lebzeiten Holländisch, was ich nicht kann, wählt es aus den Sprachen, die ich gespeichert habe, jene, in der ich mich am leichtesten zurechtfinde: Deutsch oder Englisch. Prinzipiell gilt: Je gebildeter ein Medium ist, je größer sein Allgemeinwissen, seine geografischen und historischen Kenntnisse, seine Sprachkenntnisse, umso einfacher ist es für die Verstorbenen, dieses Wissen anzuzapfen und sich zunutze zu machen.

Unlängst hatte ich eine Sitzung, bei der ich auf einmal ein Klavierkonzert von Mozart hörte. Da ich dieses Stück kürzlich selbst gespielt hatte, war ich mir nicht sicher, ob es sich um meine eigene Erinnerung handelte oder um eine Eingebung des Verstorbenen. So ignorierte ich es vorläufig und erzählte meiner Klientin nichts von der Musik. Die Sitzung verlief gut. Doch noch immer hatte ich die Melodie im Ohr. Gegen Ende der Sitzung erzählte ich meiner Klientin, dass ich immer wieder das 21. Klavier-Konzert in C-Dur von Mozart höre und mir nicht sicher sei, ob das für sie bestimmt war. Da lächelte sie und erzählte mir, es sei das Lieblingsstück ihres Vaters gewesen. Auf dem Sterbebett hatte er sich gewünscht, das Klavierkonzert zu hören. Die geistige Welt versucht alles Mögliche, um sich mitzuteilen. Es hängt häufig vom Medium ab, was es zulässt und was es aus diesen Informationen macht.

Symbole

Die geistige Welt kann nicht nur über unsere Sinne Informationen übermitteln, sondern auch mit Symbolen. Dieser Prozess ist allerdings stark von der Interpretation des Mediums abhängig. Deshalb ist es für jedes Medium wichtig, eine eigene Symbolliste anzufertigen und diese immer beizubehalten, ohne sie zu verändern. Für mich beispielsweise ist der Hund das Zeichen für Treue. Will ein Verstorbener in einer Sitzung das Thema Treue ansprechen, erzeugt er in mir das Symbolbild Hund. Hebt der Hund sein Bein, weiß ich, dass es einen Treuebruch gab. Ich habe viele Symbole in mir abgespeichert, auf die für eine schnelle Kommunikation die geistige Welt Zugriff nehmen kann. In meiner Symbolliste ist die Rose das Zeichen für Liebe, eine verdorrte Rose zeigt das Ende der Liebe. Ein Zählrahmen steht für den Buchhalter, ein Holzhobel für den Zimmermann, ein Gesetzbuch für einen Anwalt. Die Liste ist in mir angelegt und somit für jedes Geistwesen zugänglich. Die geistige Welt hält sich, egal, wo ich bin, auf welchem Kontinent ich mich befinde, an diese Symbolliste und verwendet sie wie von mir vorgegeben. Genau genommen ist das Anlegen einer Symbolliste dasselbe wie das Kreieren einer eigenen Sprache, die vom Medium gespeichert und beibehalten werden muss, damit die Aussagen immer die gleichen bleiben. Je ausführlicher die Symbolliste ist, desto detaillierter die Aussage.

Auch ich musste erst lernen, mit Symbolen zu arbeiten und ihnen zu vertrauen. In einer Demonstration medialer Fähigkeiten in Zürich geschah zum Beispiel Folgendes: Ein Verstorbener gab sich mir mit einem Gesetzbuch in der Hand zu erkennen. Zudem gab mir der Herr zu verstehen, dass er in einer beruflichen Verbindung mit jemandem im Saal gestanden habe. Also eröffnete ich die Demonstration mit den Worten: »Ich sehe einen älteren Herrn, der als Richter oder Jurist arbeitete und in einer beruflichen Verbindung mit jemandem im Saal stand.« Ich beschrieb den Herrn weiter über seinen Charakter, sein Aussehen sowie die Todesursache. Während der Identifikation zeigte mir der Verstorbene das Bild von Alt-Bundesrätin Ruth Dreifuss. Ich behielt diese Information zurück, da ich mir nicht sicher war, ob sie dazugehörte und einen Sinn ergab. Der Verstorbene jedoch gab nicht auf und holte immer wieder dieses Bild in mein Bewusstsein. Am Ende der Veranstaltung ging ich auf die Empfängerin der Botschaft zu, bei der sich der Verstorbene gemeldet hatte – es war ihr ehemaliger Chef gewesen. Ich fragte sie spontan, ob sie mit dem Namen Dreifuss etwas anfangen könne. Die Dame strahlte mich an und sagte, das sei der Nachname ihres Chefs gewesen.

Ich ärgerte mich im Nachhinein, dass ich das Bild der Alt-Bundesrätin nicht ernst genommen hatte. So hätte ich eine viel präzisere Aussage machen können. Gleichzeitig wurde mir klar, wie hartnäckig sich Verstorbene bemühen, Mittel und Wege zu finden, um in einem Medium die richtige Information hervorzurufen.

Dafür ein weiteres Beispiel: Bei einer Veranstaltung im Kanton Aargau zeigte sich mir ein Herr mittleren Alters, der sich als Bruder einer Zuschauerin meldete. Er rief in mir das Bild des SBB-Depots in Erstfeld im Kanton Uri hervor. Dort wohnte und arbeitete er. Alle waren erstaunt, dass ich so präzise sagen konnte, woher der Verstorbene kam. Diese detaillierten Aussagen konnte ich nur machen, weil ich dort als Kind oft die Ferien verbracht hatte. Hätte ich diese Erinnerungen nicht gespeichert, wäre es für den Verstorbenen viel aufwendiger gewesen, mir den Wohnort zu erklären. Er hätte zum Beispiel versuchen müssen, mir das Logo der SBB zu zeigen, das ich als Symbol für die Bahn abgelegt habe. Danach hätte er mir mit der Schweiz-Karte angeben müssen, in welcher Gegend im Kanton Uri er wohnte. Es vereinfachte also mir und dem Geistwesen die Arbeit, dass ich persönliche Erinnerungen an seinen Wohn- und Arbeitsort hatte.

Kontakt zum Jenseits

Ablauf einer medialen Sitzung

Zu mir kommen alle Arten von Menschen. Ich mache keinen Unterschied zwischen einer mittellosen Putzhilfe, die mit ihren Sorgen zu mir kommt, oder einem Topmanager, der einen privaten oder geschäftlichen Verlust erlitten hat. Arbeitslose, Hausfrauen, Beamte, Polizisten, Politikerinnen, Staranwälte und auch ganze Familien, Eltern mit ihren Kindern, viele waren schon bei mir aufgrund eines Verlustes und der Verarbeitung von Trauer. Ideal wäre es, nach einem Todesfall einige Monate zu warten, bevor man ein Medium aufsucht – um den größten Schmerz bereits verarbeitet zu haben. Denn oftmals wird Kommunikation für alle Beteiligten schwierig, wenn der Klient zu stark von seinen Emotionen überwältigt wird.

Viele meiner Kunden, die einmal bei mir waren, suchen mich zu einem späteren Zeitpunkt wieder auf. Etwa wenn sie sich in schwierigen Lebensumständen befinden, in denen Verstorbene mit ihrem allumfassenden Wissen Klarheit in eine Situation bringen können. Andere wiederum kommen regelmäßig einmal im Jahr, da sie ihren Liebsten »einen Besuch« abstatten wollen. Von zu häufigen Sitzungen allerdings rate ich ab. Viel bringt nicht immer viel. Wir dürfen unser Leben mit dem freien Willen leben und können selbst entscheiden. Das kann uns niemand abnehmen.

Vorbereiten auf eine Sitzung bei mir muss sich niemand. Es kamen schon Klienten mit langen Fragelisten in der Hand, die sie abarbeiten wollten. In so einem Fall bitte ich die Kunden, zuerst die geistige Welt sprechen zu lassen. Sollte es danach noch Fragen geben, können wir die Liste gemeinsam besprechen. Beinahe immer erledigt sich das am Ende der Sitzung. Denn die geistige Welt weiß sehr genau, wo der Schuh drückt und welche Themen angesprochen werden sollten.

Eine Sitzung dauert fünfzig Minuten. Ich hole den Kunden im Wartezimmer ab, biete ihm das Du an und bitte ihn, in meinem Praxiszimmer Platz zu nehmen. Im Anschluss erkläre ich den Ablauf der Sitzung. Jede Sitzung nehme ich auf CD auf, die der Klient dann mit nach Hause nehmen kann. Meist werden relativ viele Informationen übermittelt. Da kann es leicht geschehen, dass Dinge überhört werden oder man sich nicht mehr sicher ist, was genau gesagt wurde. Mit der CD kann die Sitzung im Nachhinein in Ruhe aufgearbeitet werden.

Weiter erkläre ich dem Klienten, dass ich mich nun mit der geistigen Welt verbinden und die Botschaften der Verstorbenen, die sich mir zeigen, übermitteln werde. Dabei spreche ich mit meiner eigenen Stimme und bin bei vollem Bewusstsein. Es ist hilfreich für mich, wenn mir der Klient ein kurzes Feedback gibt, nachdem ich ihm eine Botschaft weitergeleitet habe. Ein »Ja« (für »Das stimmt«) oder ein »Nein« (für »Das stimmt nicht«) reichen aus. Allenfalls auch »Weiß ich nicht«, wenn es um Informationen geht, die erst überprüft werden müssen. Auf diese Weise kann ich mich vergewissern, dass der Klient die Botschaft verstanden hat. Oder aber ich kann noch einmal beim Verstorbenen nachfragen, falls das nicht der Fall ist. Ich möchte von dem Klienten keine zusätzlichen Informationen erhalten. So kann er sicher sein, dass ich nicht durch geschicktes Ausfragen an Informationen gelange.

Manchmal schließe ich die Augen, um mich zu konzentrieren, meist arbeite ich jedoch mit geöffneten Augen. Gehe ich »online«, melden sich innert Sekunden die Verstorbenen bei mir, die mit meinem Klienten in Verbindung stehen. Meist nehme ich sie bereits vor der Sitzung wahr. Sie übermitteln mir den Grund, das Problem, weshalb der Klient zu mir gekommen ist.

Ich arbeite nach der Methode des englischen Spiritualismus. Dieser basiert auf der These, dass es ein Leben nach dem Tod gibt. Deshalb ist es wichtig, den Verstorbenen, den ich wahrnehme, möglichst genau zu identifizieren. Im Verlauf der Sitzung versuche ich, ihn anhand von mindestens fünf Eigenschaften zu beschreiben, die nur auf ihn passen können. Erwähne ich nur, dass der Verstorbene graue Haare und eine Brille hatte, so dürfte diese Aussage auf nahezu alle über Achtzigjährigen zutreffen. Hatte der Verstorbene jedoch ein Glasauge, ein Holzbein oder war er auf dem Mount Everest, dann weiß mein Klient meist auf Anhieb, mit wem er es zu tun hat.

Erst wenn ich den Verstorbenen eindeutig identifiziert habe, nimmt mir der Klient auch ab, dass ich wirklich Kontakt mit dem Jenseits habe. Am idealsten ist es für ein Medium, wenn es einen Nachweis erbringen kann, indem es eine Information weitergibt, die der Empfänger gar nicht kennen kann und sie deshalb erst nachprüfen muss. Es ist mir schon passiert, dass ein Verstorbener erwähnte, es gebe ein Foto von ihm in einer Vitrine, das jedoch ganz nach hinten verrutscht sei, sodass man es gar nicht mehr sehen könne. Zudem habe der Rahmen einen Riss bekommen, und man müsse endlich den Staub rundherum abwischen. Diese Information musste die Empfängerin nach der Sitzung erst einmal überprüfen.

Während einer Sitzung frage ich den Klienten immer wieder, ob das, was ich sage, auch verständlich sei. Manchmal zum Beispiel machen Botschaften für mich keinen Sinn, der Klient hingegen versteht sie. Anderes wird erst stimmig und vollständig, wenn es im Nachhinein noch einmal über die CD gehört wird. Am einfachsten wäre es natürlich, ich würde den Namen des Verstorbenen nennen. Doch ich muss leider gestehen: Namen sind nicht mein Spezialgebiet. Ich habe ein schlechtes Namensgedächtnis, weshalb die geistige Welt (meist) nicht darauf zurückgreifen kann. Jedes Medium hat seine Stärken und Schwächen. Meine Schwäche sind Namen, auch im alltäglichen Leben. Ich arbeite daran, versprochen.

Weiter versuche ich, die Todesursache des Verstorbenen, der sich mir in einer Sitzung zeigt, zu klären. Auch diese Information ist für mich als Medium wichtig, um möglichst schnell den Nachweis zu erbringen, dass ich wirklich mit dem Verstorbenen in Kontakt stehe. Jeder Tod ist anders. Wenn ich aufzeigen kann, wo, woran und unter welchen Umständen jemand gestorben ist, schafft diese Information Vertrauen. Danach stelle ich fest, in welcher Beziehung der Klient zum Verstorbenen stand. Handelt es sich um den Vater oder die Mutter, um einen Großelternteil, Tante oder Onkel? Außerdem beschreibe ich wie schon erwähnt besondere äußere Merkmale, sofern es welche gibt. Hatte der Verstorbene eine Glatze, rote Haare, eine Narbe? Und ich kläre, wo der Verstorbene wohnte: in einem Haus oder einer Wohnung, auf dem Land oder in der Stadt, an einem See oder am Waldrand.

Immer auch bitte ich den Verstorbenen um Eindrücke zu gemeinsamen Erinnerungen mit dem Klienten: Fußball spielen wäre zu unspezifisch. Ein gemeinsames Canyoning in Alaska, die Erinnerung an einen Skiunfall oder eine Medaille im Hochsprung hingegen wären gute Beweise für meinen Kontakt. Es kommt vor, dass ich Namen, Geburtsdaten, Straßennamen oder sonstige spezielle Daten erhalte, die mir die Verstorbenen geben. Das ist jedoch bei weitem nicht immer der Fall. Ich versuche, so viele Beschreibungen und Nachweise wie möglich zu liefern, damit der Klient auch wirklich sicher sein kann, dass der Verstorbene anwesend ist.

Jetzt kommen wir zum wesentlichen Teil der Sitzung. Der Verstorbene erklärt mir das zentrale Problem des Klienten. Das kann irgendein Grund sein, ich habe im Lauf der Jahre jedoch erfahren, dass Partnerschaft und Familie, Gesundheit, Finanzen oder Potenzial – das heißt der Beruf, die persönliche Entwicklung – die Themen sind, die uns alle meist täglich beschäftigen. Es kommt öfter vor, dass Verstorbene zu ganz spezifischen Problemen Empfehlungen geben. Es liegt allerdings am Klienten, ob er diese Ratschläge annehmen will oder nicht und diese umsetzen möchte oder kann. Sollten diese Themen nicht bereits Gegenstand der Sitzung gewesen sein, spreche ich sie von mir aus an. Zum Abschluss frage ich den Klienten, ob er alles verstanden hat oder ob es noch offene Fragen gibt.

Fragen und Antworten

Fiktives Gespräch

Im Folgenden gehe ich auf Fragen ein, die mir häufig gestellt werden. Ich selbst lese sehr gern Interviews, weshalb ich hier die Form eines fiktiven Gesprächs gewählt habe.

Warum arbeitest du als Medium?

Für mich gibt es keinen schöneren Beruf. Ich sehe mich als Vermittlerin zwischen dem Jenseits und dem Diesseits und hoffe, dass die Menschen nach einem Besuch bei mir aufgerichtet und ohne Furcht vor dem Tod weiterleben – und vielleicht sogar ihr Leben anders anpacken können. Für einige ist eine Sitzung bei mir heilsam, da sie offene Fragen klären können, anderen gelingt es, Verstorbenen endlich Adieu zu sagen. Der Tod ist ein schweres Leid. Er trifft und betrifft die gesamte Menschheit. Jeder von uns wird irgendwann gezwungen, sich mit diesem Thema auseinanderzusetzen. Mit meinen Fähigkeiten kann ich tagtäglich Menschen dabei helfen, einen Weg aus der Trauer oder der Angst zu finden.

Ein Medium hat aber noch weitere Aufgaben zu erfüllen. Ich möchte aufzeigen, wie eng unsere Welt mit der nächsten

Welt verbunden ist, den Menschen den Sinn für das Göttliche in uns und um uns herum näherbringen. Wer diese Erkenntnis einmal erlangt hat, dessen Leben ist nicht mehr dasselbe wie zuvor; es wird sich zum Besseren wenden. Es ist der Anfang, um unserem Leben innerhalb der Schöpfung einen tieferen Sinn und eine größere Bedeutung zu geben. Dennoch möchte ich nicht missionieren, und es ist nicht mein Anliegen, jemanden zu bekehren oder ihn dazu zu bewegen, an ein Leben nach dem Tod zu glauben. Letztlich bleibt es jedem selbst überlassen, ob und wie er die Informationen verarbeitet, die er bekommt.

Wird Medialität vererbt, und besitzen auch andere Mitglieder deiner Familie diese Gabe?

Ich bin überzeugt davon, dass Medialität vererbt wird. Nur, welche Talente und Fähigkeiten an die nächste Generation weitergegeben werden, ist genauso willkürlich wie das Vererben von Krankheiten oder Risikofaktoren. In meiner Familie gibt es neben meiner Mutter und meinem Großvater, deren Fähigkeiten ich mehrmals erwähnt habe, auch meinen Bruder Remo, der sensitiv veranlagt ist. Er hatte seine Fähigkeiten lange Zeit nicht erkannt. Erst als er um die zwanzig war, begann er, sich verstärkt mit diesem Thema zu beschäftigen und seine Medialität zu entdecken. Heute arbeitet er als ausgebildeter systemischer Berater im sozialen Bereich und setzt in seinem Beruf häufig seine Sensitivität ein. Aus meiner Sicht ist er ein gutes Beispiel dafür, dass Medialität in vielen Berufen Einsatz findet, ohne dass man groß darüber spricht. Hauptsache ist, dass man diese Fähigkeit für das Gute einsetzt, um so einen Job machen zu können, der den Menschen dient. Doch zurück zur Frage: Ja, in vielen Familien kann man feststellen, dass übersinnliche Fähigkeiten weitergegeben werden, häufig über Generationen. Manchmal wird eine Generation oder mehrere übersprungen, manchmal wird die Medialität durch gesellschaftliche Vorgaben unterdrückt, was erklärt, warum es Medien gibt, die der Ansicht sind, in ihrer Familie gebe es keine Veranlagung zu übersinnlichen Fähigkeiten, die zurückverfolgt werden könnte. In diesem Zusammenhang erinnere ich daran, wie lange die Inquisition, die Hexenverfolgung dauerte.

Können uns Verstorbene wirklich einen Rat geben? Ein geliebter Opa kann schließlich nicht schlauer geworden sein, nur weil er tot ist.

Verstorbene zeigen sich häufig, wenn sie eine Botschaft übermitteln oder einen Rat geben möchten. Der verstorbene Großvater durchlebte in der astralen Welt einen Entwicklungsprozess, und aufgrund seiner neuen Daseinsform hat er Zugriff auf das Wissen des Diesseits und des Jenseits. Gleichzeitig steht er in Verbindung mit den Lebenden, er sieht, was sie tun, denken und fühlen. Er kennt jetzt die Lebensaufgabe seines Sohnes oder seiner Enkelin, weiß, welchen Rucksack er oder sie mitbekommen hat und was aufgrund dessen getan oder unterlassen werden sollte. Der Großvater sieht die Dinge nun vermutlich mit anderen Augen als früher, als er noch lebte. Deshalb gibt er vielleicht auch den einen oder anderen Ratschlag, den er zu Lebzeiten nicht gegeben hätte.

Kann ich mir wünschen, welcher Verstorbene sich während einer Sitzung zeigt?

Allein die geistige Welt entscheidet, wer kommt. Der Klient kann zwar Wünsche äußern, doch es gibt keine Garantie, dass sich jener Verstorbene meldet, mit dem er gern Kontakt hätte. Am häufigsten zeigen sich uns bekannte verstorbene Verwandte, Freunde oder Bekannte. Es kann aber auch vorkommen, dass sich Großeltern oder Urgroßeltern melden, die man gar nicht gekannt hat. Sie begleiten uns, auch wenn wir sie nicht wahrnehmen. Mein Urgroßvater, den ich nie kennen gelernt hatte, begleitete mich durch meine gesamte Kindheit. Auch einige andere Familienmitglieder lernte ich erst durch meinen Kontakt mit der geistigen Welt kennen. Es melden sich allerdings nur Verstorbene, die eine Verbindung, einen Bezug zu uns hatten. Auf einen Besuch von Elvis oder Lady Di kann man nicht hoffen. Ich muss immer wieder schmunzeln, wenn ich von einem Medium lese, das Kontakt mit prominenten Toten aufgenommen haben will. Das ist in den allermeisten Fällen Humbug. Auch Prominente melden sich nur bei Menschen, mit denen sie bekannt oder verwandt waren.

Gibt es Verstorbene, zu denen du keinen Kontakt herstellen kannst?

Es gibt tatsächlich Verstorbene, die sich nicht melden. Das kann mehrere Gründe haben. Zum einen ist der Zeitpunkt des Todes maßgebend. Manchmal müssen sich Seelen zuerst ausruhen, etwa nach einem sehr schwierigen Leben. Sie sind dann wie »eingefroren« in der geistigen Welt, sie »schlafen« quasi noch. Ein anderer Grund ist allerdings, dass sich der Verstorbene bewusst noch nicht zeigen möchte. Etwa wenn der Klient einen Entwicklungsprozess noch nicht durchgemacht hat. Ich habe schon mit Klienten gearbeitet, die erwarteten, dass sich ein Verstorbener bei ihnen entschuldigt. Ich registrierte dann, dass der Verstorbene zwar anwesend war und die Sitzung beobachtete, jedoch keinen Kontakt aufnahm. Später erfuhr ich von dem Geistwesen, dass es aus seiner Sicht Aufgabe des Klienten gewesen wäre, sich zu entschuldigen. Doch da dieser noch nicht so weit war, war keine sinnvolle Kommunikation möglich.

Arbeitest du auch mit der Polizei zusammen?

In den USA arbeitet die Polizei offiziell mit Medien. Dort ist die Zusammenarbeit nicht nur erlaubt, sondern wird auch häufig nachgefragt und über die Presse bekannt gemacht. In der Schweiz ist das anders. Es gibt kein Gesetz, das es Polizisten erlauben würde, mit Medien zusammenzuarbeiten. Hier läuft alles inoffiziell. Ich habe schon an mehreren Kriminalfällen mitgearbeitet, natürlich unter dem Siegel der Verschwiegenheit. Ermittelnde Beamte waren als Privatpersonen zu mir gekommen, hatten mir den Fall geschildert und mich um Hilfe gebeten. Genauso, wie sich verstorbene Verwandte melden können, die man gar nicht gekannt hat, kann sich die geistige Welt – im Interesse, ein Verbrechen aufzuklären – auch mit ihnen in Verbindung setzen. So habe ich schon bei der Suche nach vermissten Menschen mitgeholfen, wenn eine Suche im Gange war und nicht klar war, ob sie noch lebten oder bereits tot waren. Oder es gab den Fall, in dem ich einem Jugendlichen half, der zu Unrecht eines Morddelikts bezichtigt wurde. Das Mordopfer zeigte sich mir und lieferte wichtige Indizien, um den Fall neu aufzurollen. Der Jugendliche kam schließlich frei. Ein solches Resultat meiner Hilfe freut mich, dennoch betrachte ich das nicht als ein zentrales Thema meiner Arbeit.

Wenn man sich das starke Bevölkerungswachstum ansieht, kann man sich fragen, woher die vielen neuen Seelen kommen.

Ich glaube, dass die Zahl der Seelen immer gleich bleibt. Es gibt keine neuen Seelen. Neu ist hingegen, dass Seelen heute schneller reinkarnieren, als es in der Vergangenheit der Fall war. Dauerte es früher noch ein paar hundert Jahre unserer Zeitrechnung, bis eine Seele wieder auf die Welt kam, so sind es heute oft kürzere Abstände. Weshalb das so ist, kann ich nicht sagen.

Übungen für den Alltag

Meditationen

In den Sitzungen und Seminaren, die ich gebe, bekomme ich viel von den persönlichen Sorgen und Nöten meiner Klienten mit. Menschen kommen nicht nur aufgrund eines Verlusts und Trauer zu mir, sondern häufig auch mit anderen Problemen, die sie bewegen. Ich versuche, diesen Menschen eine Antwort zu geben, mithilfe meiner Intuition und meiner Erfahrung sowie mit den Informationen, die ich aus dem Jenseits erhalte. Ich bin natürlich keine Gesundheits- oder Beziehungsexpertin mit spezieller Fachausbildung. Zudem gibt es wohl Tausende von Ratgebern und Büchern, die sich detaillierter mit diesen Problemen beschäftigen, als ich es hier tue. Trotzdem habe ich mich entschieden, hier meine Übungen zu zeigen. Sie sind erprobt und haben sich bewährt.

Speziell die Meditationen möchte ich jedem sehr ans Herz legen. Sie sind eine persönliche Zusammenfassung meiner Erfahrungen mit diversen Meditationstechniken, die ich im Lauf meiner Ausbildungen und Tätigkeiten erlernt und für mich interpretiert habe. Regelmäßiges Meditieren führt zu mentaler und körperlicher Balance und Gelassenheit – die Entspannung und der positive Einfluss auf Körper und Geist sind schon lange wissenschaftlich nachgewiesen. Meine Meditationen sind als Module aufgebaut. Basis ist die Grundmeditation. Jeder kann sie relativ schnell ohne Anleitung selbst praktizieren. Es kann auch hilfreich sein, die Anleitung auf Band aufzunehmen und sie dann während der Meditation abzuspielen. Direkt im Anschluss kann je nach Bedarf die Stress-, Gesundheits- oder Beziehungsmeditation angehängt werden.

Die Grundmeditation inklusive Zusatzmeditation sollte nicht länger als zehn Minuten dauern. Natürlich kann man auch länger meditieren, wenn man dabei fokussiert bleibt und die Gedanken nicht wegdriften. Ich vermute jedoch, dass viele, die lange meditieren, oft abschweifen. Daher meine Empfehlung: Lieber nur zehn Minuten meditieren, dafür regelmäßig!

Es ist nicht schwer. Es braucht einfach Geduld und Nachsicht mit sich selbst. Ein Versuch lohnt sich!

Grundmeditation

Setze oder lege dich bequem hin.

Atme tief ein und aus.

Stelle dir nun vor, dass du beim Ausatmen alles an Gedanken und Ballast loslässt. Mit jedem Ausatmen wirst du ein wenig leichter.

Atme vier Pulsschläge lang ein, halte kurz die Luft an und atme auf vier Pulsschläge wieder aus.

Beim Einatmen richtest du nun deinen Blick nach innen, alles um dich herum wird irrelevant.

Stell dir vor, du atmest reinigendes, schneeweißes Licht ein. Dieses Licht strömt von deiner Nase durch die Luftröhre den Hals hinab.

Deine Lunge füllt sich mit dem Licht und wird immer stärker und leuchtender.

Mit jedem Einatmen lässt du das heilende Licht sich weiter in deinem Körper ausbreiten, in deinen Oberschenkeln, deinen Beinen, deinen Armen, dem Hals und dem Kopf, bis dein ganzer Körper damit ausgefüllt ist.

Das Licht durchdringt, reinigt und erneuert alle Zellen, es bringt Heilung und Entspannung.

Mit jedem Ausatmen lösen sich Blockierungen und Druck, dein Körper wird gereinigt und entspannt.

Dein Atem geht ruhig und regelmäßig.

Deine Selbstheilung ist aktiv.

Bleibe einen Moment lang in diesem ruhigen Zustand und lasse eventuell auftauchende Gedanken einfach wie Wolken am Himmel vorbeiziehen.

Nun lässt du das innere Licht sich mit jedem Atemzug noch weiter ausbreiten, bis du in einem Kokon aus weißem, heilendem Licht sitzt.

Bitte zum Abschluss die geistige Welt und deinen Geistführer um Unterstützung in deinem täglichen Leben.

Bleibe noch einen Moment lang in diesem Zustand.

Wenn dir der Zeitpunkt richtig erscheint, atme wieder tiefer ein und aus, nimm deine Füße und Hände wahr, und sei wieder ganz im Hier und Jetzt.

Gegen Stress

Bevor wir weitergehen, ist es wichtig, zu analysieren, weshalb überhaupt Stress entsteht. Wie so häufig im Leben fängt alles mit einer Kleinigkeit an. Wir stehen gut gelaunt auf, doch die Kinder mäkeln am Frühstück herum. Im Tram schnappt uns dann jemand den letzten Sitzplatz weg, der Kollege im Büro schnauzt uns an. Wenn uns schließlich noch der Chef kritisiert, ist der Tag gelaufen. Wir gehen heim, lassen unseren Frust an unserem Partner und den Kindern aus und wissen eigentlich gar nicht, warum wir so schlecht gelaunt sind.

Deshalb müssen wir lernen, unseren Stress zu analysieren und sofort abzubauen. Es gibt zig Gründe am Tag, warum wir verstimmt sein können. Oft reagieren wir nicht flexibel genug auf Unvorhergesehenes. Die meisten Ärgernisse nehmen wir unterbewusst ernst. Dies führt zu einer Potenzierung unserer Probleme und schließlich zu innerem Unwohlsein und Stress. Wir sollten jedoch achtsam mit unseren Gefühlen umgehen. So können wir erste kleine Verstimmungen erkennen und schon bei der Entstehung wirksam dagegen vorgehen, damit aus ihnen keine großen Probleme werden.

Ich habe mir eine Übung angeeignet, die ich »einfachen Stressabbau« nenne. Sie ist wirklich simpel und kann überall angewendet werden. Trotzdem ist sie sehr effektiv, wenn sie regelmäßig praktiziert wird.

Übung einfacher Stressabbau

Halte dich an folgende Schritte, sobald du ein Ärgernis wahrnimmst:

> Analysiere, was der Ursprung deiner Verstimmung ist.
>
> Atme tief ein, denke an den Grund deiner Verstimmung und lasse ihn beim Ausatmen los. Seufze tief und lasse den Stress aus deinem Körper. Damit stellst du dich gewissermaßen wieder auf »neutral«.
>
> Denke an etwas Positives. Male dir in Gedanken aus, wie dieses Positive auch eintritt.

In unserem Arbeitsalltag können wir meist nicht meditieren, die Übung zum einfachen Stressabbau mit der positiven Affirmation ist hingegen schnell überall machbar und sehr wirksam. Bei wiederkehrenden Verstimmungen empfehle ich Meditation. Ich selbst versuche, täglich circa zehn Minuten zu meditieren. Klappt es einmal längere Zeit nicht, merke ich schnell, dass es mir fehlt.

Anti-Stress-Meditation

Diese Meditation folgt im Anschluss an die Grundmeditation:

Du sitzt noch immer in deiner Kugel aus Licht.

Atme einige Male bewusst ein und aus und versuche, vor deinem geistigen Auge ein Bild der Person oder der Situation entstehen zu lassen, die dir Stress verursacht oder Unruhe bringt.

Versuche dabei, ruhig zu bleiben. Schaue wie ein Außenstehender auf diese Person oder Situation.

Bitte nun die geistige Welt darum, dass du Frieden findest und das Problem loslassen kannst.

Bitte die geistige Welt weiter, dich beim Aufbau des Schutzes zu unterstützen.

Stelle dir ein strahlend goldenes Licht vor, das die Situation oder die Person, die du visualisiert hast, von dir trennt.

Das goldene Licht wird zu einer Wand, die dich jetzt und in Zukunft vor Negativem schützen wird.

Lass die Person oder die Situation, die nun hinter der Wand steht, sich umdrehen und sich von dir wegbewegen, bis sie verschwunden ist.

Spüre, wie aus deinem Herzen eine wohlige Wärme entströmt, die sich friedvoll in deinem ganzen Körper verteilt.

Du bist nun lichtvoll und geschützt für den Alltag.

Sobald es für dich richtig ist, atme bewusster und komme ganz zurück ins Hier und Jetzt.

Bei Spukphänomenen

Im Kapitel »Störenfriede aus dem Jenseits« *(siehe Seite 145)* habe ich beschrieben, dass es in seltenen Fällen vorkommen kann, dass wir uns von Geistwesen bedrängt fühlen. Sollte das geschehen, empfehle ich, Folgendes zu prüfen:

- Bist du reizbarer, labiler, empfindlicher als sonst, obwohl es keinen offensichtlichen Grund dafür gibt?
- Bist du immer wieder müde, ohne dass es einen medizinischen Grund dafür gibt? Selbst nachdem du die geistige Welt um Energie gebeten hast?
- Fallen dir häufig Dinge aus der Hand?
- Vergisst du alltägliche Dinge? Immer wieder?

Kannst du mehrere dieser Fragen mit Ja beantworten, kann es immer sein, dass ein ganz alltäglicher Grund dahintersteckt. Es könnte aber auch sein, dass du »fremdgesteuert« wirst. Dann gibt es Möglichkeiten, die Fremdbeeinflussung zu beenden.

Übung Astronautenanzug

Baue eine virtuelle Schutzwand um dich herum.

Stell dir vor, wie du einen Astronautenanzug anziehst.

Beobachte vor deinem geistigen Auge, wie du ganz langsam den Helm aufsetzt, den Anzug über deine Arme und Beine streifst.

Schaue dich nun von außen an, wie du im Raumanzug vor dir stehst.

Dann siehst du dich in deinem Raumanzug von innen heraus im Raum um und spürst, wie geborgen und sicher du dich fühlst.

Sprich nun mehrmals hintereinander folgende Sätze: »Ich bin im Licht. Das Gute ist in mir. Das Negative hat keinen Platz.«

Für die Gesundheit

Gesundheit fängt in unserem Alltag an. Wenn wir genügend schlafen, uns gut ernähren, viel bewegen und ausreichend Flüssigkeit zuführen, ist das Wichtigste schon erledigt. Trotzdem fragen wir uns, was gesund ist. Welche Diät ist die richtige? Wie viel Schlaf brauche ich, und reicht es aus, wenn ich nur einmal die Woche Sport treibe? Wir werden täglich mit

Hunderten von Ideen und Ratschlägen aus der Presse und dem Internet konfrontiert. Das verunsichert, und wir bekommen zum einen ein schlechtes Körpergefühl und zum anderen ein schlechtes Gewissen.

Ich weiß aus Erfahrung, wie viel Schlaf ich benötige. Ich weiß auch, wie viel ich trinken muss. Ich weiß ungefähr, wie viele Kalorien, Vitamine, Kohlenhydrate und Proteine die wichtigsten Lebensmittel beinhalten, und habe so gelernt, ausgewogen zu essen. Ich spüre meinen Körper und weiß, dass mir Bewegung guttut. Ich höre auf meinen Körper, nicht auf meinen Verstand, und nicht auf die neusten Trends. Wenn wir glauben, Zucker macht uns krank und dick, wird es so kommen. Essen wir Zucker genussvoll und ohne schlechtes Gewissen und schaffen einen Ausgleich mit Sport oder einem zuckerfreien Tag, wird alles wieder auf neutral gestellt.

Es geht darum, die innere Achtsamkeit wieder zu aktivieren. Sonst benutzt unser Unterbewusstsein selbsttätig den Autopiloten. Der automatisierte Ablauf liefert das Ergebnis, das wir ohnehin erwarten, zum Beispiel – Zucker macht dick. Was wir glauben, wird wahr: »self-fulfilling prophecy«.

Wir müssen lernen, mit unserem Körper eine Sprache zu entwickeln. Wir müssen ihn wie einen guten Freund behandeln, aufmerksam beobachten, was er braucht, was ihm guttut, was ihn gesund macht. Aus diesen Erfahrungen lernen wir den achtsamen Umgang mit unserer Gesundheit. Wir entwickeln Überzeugungen, die unser Handeln steuern. Und stoppen den ungesteuerten Automatismus.

Übung positive Gedanken

Schreibe auf, was dir wichtig ist. Ein bis zwei Sätze reichen. Wiederhole diese positiven Affirmationen mindestens dreißig Mal hintereinander. Du kannst sie im Auto aufsagen, vor dem Spiegel, vor dem Einschlafen, während der Fahrt zur Arbeit. Mache diese Übung täglich, über mehrere Wochen hinweg. Du wirst sehen, wie sich schon bald ein positiver Effekt einstellen wird.

Beispiele für positive Affirmationen, die täglich wiederholt werden können:

»Ich esse leichte und gesunde Nahrung.«

»Ich bin anziehend.«

»Ich erreiche mein Idealgewicht.«

»Sport macht mir jeden Tag mehr Freude.«

»Ich werde gesund und bleibe gesund.«

Gesundheitsmeditation

Die Gesundheitsmeditation folgt im Anschluss an die Grundmeditation:

> Du sitzt in deiner Kugel aus schneeweißem Licht.
>
> Mache ein paar tiefe Atemzüge und lenke deine Aufmerksamkeit auf dein Inneres.
>
> Stelle dir vor, du atmest heilendes blaues Licht ein.
>
> Dieses heilende blaue Licht fließt dorthin in deinen Körper, wo du Schmerzen empfindest oder ein Heilungsprozess nötig ist.
>
> Du spürst, wie sich die Energie dort ansammelt und das Licht heilend und beruhigend auf dich wirkt.
>
> Mache dir bewusst, dass du durch das heilende blaue Licht harmonisiert wirst und gesund – und dass das ein Zustand ist, der andauern und nachhaltig sein wird.
>
> Mit diesen Gedanken atmest du kräftiger ein und aus und kommst langsam ins Hier und Jetzt zurück.

Gute Beziehungen und Partnerschaften

Eine Partnerschaft füllt den größten Teil unserer Zeit aus. Läuft alles gut, redet man nicht darüber. Geht es weniger gut, kann diese Verstimmung unser gesamtes Leben beeinflussen. Ich habe häufig Menschen bei mir in den Sitzungen, die krank, müde, traurig oder depressiv sind, weil es in ihrer Partnerschaft nicht klappt. Doch von selbst ändern sich die Dinge nicht. Sondern erst, wenn man aktiv wird und sein Leben (wieder) selbst in die Hand nimmt.

Um zu sehen, wo deine Beziehung steht, schlage ich einen einfachen Test vor: Nimm dazu ein Blatt in die Hand und teile es in zwei Spalten. In die linke Spalte schreibst du all die Dinge, die dich an deinem Partner stören. In die rechte Spalte trage alle positiven Eigenschaften ein. Schreibe spontan auf, was dir in den Sinn kommt. Es ist wichtig, dass du diese Übung nicht im Kopf machst, sondern auf Papier. Denn erst durch das Schreiben wird dir die Situation bewusst, in der du dich befindest. Ist die linke Spalte wesentlich länger als die rechte? Sind beide Spalten ausgeglichen? Ziehe deine Schlüsse aus dem, was du geschrieben hast. Ich erfahre in Sitzungen häufig, dass Menschen aus Angst, Feigheit oder ganz einfach aus Gewohnheit jahrelang an Partnerschaften festhalten, die längst keine mehr sind. Doch nur, wenn man es schafft, aus alten Gewohnheiten herauszufinden, kann etwas Neues, Besseres nachkommen.

Häufig wird die Partnerschaft als selbstverständlich hingenommen. Doch eine glückliche Beziehung ist kein Dauerzustand. Sie muss durch tägliche Investitionen beider Partner erhalten und gestärkt und weiterentwickelt werden.

Tipps, um eine Partnerschaft zu verbessern

Keine Änderungsversuche

Höre auf, den Partner ändern zu wollen. Diesbezügliche ständige Versuche sind meist vergeblich und bringen – außer Widerstand und Ablehnung – nichts. Menschen reagieren nun mal auf Angriff mit Verteidigung. Es ist paradox, doch es ist so: Je mehr man versucht, einen Partner zu ändern, desto weniger geschieht dies. Es ist ein Unterfangen, bei dem es nur Verlierer gibt.

Wir-Gefühl schaffen

Eine Partnerschaft ist die einzige Beziehungsform, in der es nicht nur möglich, sondern geradezu opportun ist, seine Sorgen, Nöte, Träume, Probleme zu teilen. Man kann dem Partner Dinge mitteilen, die man niemand anderem anvertrauen würde. Deshalb ist es wichtig, sich zu öffnen. Gespräche über das eigene Wohlbefinden helfen, die Intimität und das Vertrauen zu erhöhen. Das Wissen, das man vom anderen hat, gehört zu den wichtigsten Pfeilern einer guten Partnerschaft, da es auch die Verantwortung, den Respekt und die Liebe gegenüber dem Partner erhöht. Gemeinsames Wissen schafft ein Wir-Gefühl. Deshalb sollten wichtige Aspekte der Beziehung auch in erster Linie innerhalb der Partnerschaft besprochen werden.

Gute Manieren

Im Lauf der Jahre schleichen sich in einer Beziehung manchmal schlechte Gewohnheiten ein. Man lässt den eigenen Stress am Partner aus, geht auf Distanz, verliert den gesunden Respekt, mit dem man selbst behandelt werden möchte. Wenn ein Fremder seine Brille vergisst, sagt keiner: »Warum bist du so gedankenlos? Andauernd vergisst du alles. Wo hast du nur deinen Kopf?!«

Deshalb: Bleibe auch in der Partnerschaft höflich, so höflich, wie du es dir für dich wünschst. Füge Wendungen wie »bitte« und »ich fände es schön« ein. Wenn dir am anderen etwas nicht gefällt, sage es ihm. Wenn dir etwas gefällt, sprich es auch aus. Bewerte und verurteile nicht gleich. Kritisiere deinen Partner nicht vor anderen, und rede auch in seiner Abwesenheit nicht schlecht über ihn.

Kompromisse

Die Lösung für viele Probleme heißt: Kompromisse finden. Auch wenn du überzeugt bist, recht zu haben, geht es in einer Beziehung nicht ohne Kompromisse. Um einen guten Kompromiss zu finden, muss man sich den Meinungen und Wünschen des Partners gegenüber offen zeigen. Mit verschränkten Armen dazusitzen und den Kopf zu schütteln, führt zu keiner Lösung. Einen Kompromiss schließen zu können, hängt oft nur davon ab, sich einmal die Mühe zu machen, alle Vorlieben und Schwierigkeiten aufzulisten und zu besprechen. Überlege dir, bei welchen Problemen du Zugeständnisse machen könntest, bei welchen nicht. Je mehr Kompromisse du machen kannst, desto kompromissbereiter wird sich auch dein Partner zeigen.

Stressabbau

Studien von Guy Bodenmann, Psychologieprofessor an der Universität Zürich, haben gezeigt, dass Stress in Beziehungen häufig durch Stress im Alltag entsteht. Stress im Job, Stress mit den Kindern, Ärger mit Lehrern, all das schwappt häufig auf die Beziehung über.

Professor Bodenmann konnte aufzeigen, dass Beziehungen bei Paaren, die von Stress betroffen sind, schlechter werden. Paare hingegen, die einander helfen, mit Stress umzugehen, bleiben stark.

»Wie war dein Tag?«-Gespräche können helfen, mit Stress im Leben fertigzuwerden, der nicht durch die Beziehung erzeugt wurde. Solche Gespräche können am Esstisch geführt werden oder wenn die Kinder im Bett sind. Wichtig ist nur, den richtigen Zeitpunkt zu wählen. Nicht jeder Mensch will gleich, nachdem er nach Hause gekommen ist, Gespräche über seine Befindlichkeit führen. Manche möchten zuerst allein sein, bevor sie bereit sind, zu kommunizieren. Ziel dieser Gespräche ist, über all das zu sprechen, was einen belastet. Doch es muss um Dinge gehen, die nichts mit der Beziehung zu tun haben. Es dürfen am Familientisch keine Partnerschaftskonflikte angesprochen werden.

Das Gespräch soll dazu dienen, sich gegenseitig eine emotionale Stütze zu sein. Jeder Partner darf sich zehn Minuten lang beklagen. Während dieser Zeit sollte der andere ehrliches Interesse zeigen und Partei für seinen Partner ergreifen, selbst wenn nicht eindeutig sein sollte, ob der Partner im Recht ist.

Kleine Gesten und Erinnerungen wachhalten

Kleine, aber bedeutungsvolle Gesten sowie das Wachhalten von Erinnerungen können helfen, einen verlorenen Zugang zum Partner wiederzufinden. Es kommt auf die kleinen Dinge im Alltag an, die wir füreinander tun – die Lieblingsserie des Partners aufnehmen, die Schwiegermutter ohne bissigen Kommentar ertragen, die Lieblingssalatsauce des Partners zubereiten. Freundschaft ist der beste Schutz vor feindseligen Gefühlen. Erinnere dich an die erste Verabredung, an das Herzklopfen, den ersten gemeinsamen Morgen, den ersten Urlaub. Selbst Gefühle, die seit langem verschüttet sind, können wieder hervorgerufen werden, indem man zurückblickt. Die Erinnerungen an frühere Zeiten wachzuhalten, hilft zudem, Probleme zu relativieren und an das anzuknüpfen, was einmal schön war.

Zuneigung und Bewunderung

Halte dir die positiven Eigenschaften des anderen vor Augen. Auch wenn du manchmal mit seinen Macken kämpfst. Wichtig ist, dass der Partner Respekt erfährt. Denn jeder Mensch will respektiert werden. Suche nach charakteristischen Eigenschaften des anderen. Schreibe sie auf und zeige sie ihm. Lass ihn wissen, weshalb dir diese Eigenschaften wichtig sind. Lass es zur Gewohnheit werden, dass du über deinen Partner positiv denkst. Wenn man gestresst und verärgert ist, konzentriert man sich zu häufig auf die negativen Seiten. Das führt dazu, dass man sich noch mehr entfernt und isoliert.

Versuche deshalb jeden Tag, an etwas zu denken, was dir an deinem Partner gefällt. Egal, wie deine Gefühle zu ihm gerade sind. Selbst Studien belegen die Kraft der Wiederholung positiver Gedanken. Dieser Ansatz der kognitiven Theorie hat sich speziell bei Menschen mit Depressionen als hilfreich erwiesen. Durch das regelmäßige Denken an positive Dinge kann in ihnen wieder Hoffnung keimen.

Partnerschaftsmeditationen

Bei Problemen und Streit
Für diese Meditation benötigt es ein wenig »Vorarbeit«. Bevor du beginnst, ist es wichtig, dass du das Problem in deiner Beziehung benennen kannst. Versuche, den Konflikt, um den es geht, in Worten oder Bildern auszudrücken oder zu visualisieren. In Worten etwa: »Ich ärgere mich, dass mir mein Partner nie zuhört.« Oder versuche, dir vor deinem geistigen Auge das Bild des letzten Streits wegen der Kindererziehung vorzustellen. Fokussiere dich nur auf einen Konflikt und nicht gleichzeitig auf andere Ärgernisse. Überlege dir im Vorfeld auch, was dein Partner tun könnte und was du selber übernehmen kannst, damit sich die Situation entspannt.

Die Partnerschaftsmeditation folgt im Anschluss an die Grundmeditation.

Du sitzt in deiner Kugel aus Licht.

Deine Augen sind geschlossen.

Stelle dir vor, wie dein Partner auf dich zukommt.

Baue eine Verbindung zu ihm auf und versuche dabei, alle negativen Gefühle hinter dir zu lassen.

Erzähle deinem Partner in Gedanken, was dich bedrückt und was du dir von ihm wünschst.

Sage ihm, dass du ihm vergibst und auch du versuchen wirst, in Zukunft besser mit diesem Problem umzugehen. Stelle dir nun vor, wie ihr beide aufeinander zugeht, euch die Hand reicht und Frieden schließt.

Wünsche deinem Partner zum Abschluss das Beste, und wünsche dir, dass die Verbindung aufblühen und dauerhaft sein wird.

Atme danach wieder tief ein und aus.

Komme langsam ins Hier und Jetzt zurück.

Bei größeren Konflikten

Überlege dir im Vorfeld, welche Farbe du mit Liebe verbindest. Ich verwende bei dieser Übung die Farbe Rosa, da sie im englischen Spiritualismus für das Herzchakra steht. Du kannst aber auch jede andere Farbe nehmen, die für dich die Bedeutung von Liebe hat.

Diese Meditation folgt auf die Grundmeditation.

> Du sitzt in deinem Kokon aus Licht.
>
> Deine Augen sind geschlossen.
>
> Atme tief ein und stelle dir vor, wie du leuchtendes, rosafarbenes Licht einatmest.
>
> Das heilende, rosa Licht strömt durch deinen Körper und breitet sich in deinem Herzen aus.
>
> Spüre, wie es dein Herz erwärmt und leichter werden lässt.
>
> Stelle dir jetzt vor, wie dein Partner auf dich zukommt, und lässt dabei alle negativen Gefühle hinter dir.
>
> Stelle dir vor, wie dich dein Partner anlächelt, und versuche, eine neutrale Verbindung zu ihm aufzubauen.
>
> Bitte nun die geistige Welt, dir zu helfen, eine Lösung zu finden – diese Lösung kann entweder sein, dass dir die geistige Welt hilft, eine Entscheidung zu treffen, oder dass sich die Situation dank der Hilfe der geistigen Welt entspannt und verändert.
>
> Bitte die geistige Welt weiter, dass sie dir Kraft schickt und das Vertrauen, dass du nicht allein bist, sondern eine höhere Macht sich um dich kümmert.
>
> Atme kräftiger ein und aus. Komme ins Hier und Jetzt zurück.

Kontakt zum Jenseits herstellen

Jeder kann lernen, in Verbindung mit dem Jenseits zu kommen. In allen Menschen schlummern mediale Fähigkeiten (sofern sie mit sechs Sinnen auf die Welt gekommen sind und diese einsetzen können). Nur haben einige mehr Talent als andere. Das ist bei der medialen Arbeit so wie beim Balletttanzen, Malen, bei einem Handwerk oder in der Wissenschaft. Zudem braucht es Übung. Und zwar regelmäßig. Und natürlich Geduld mit sich selbst, wenn es beim ersten Mal nicht so klappt, wie man das gern hätte.

Gehe ohne Vorstellungen und Erwartungen in diese Übung.

Versuche, auf deine Sinne zu achten.

Sitze bequem, schließe die Augen, richte deinen Fokus nach innen.

Beobachte deinen Atem und entspanne dich.

Werde ruhig und gelassen. Unter Stress und Druck ist eine Kontaktaufnahme mit dem Jenseits kaum möglich.

Bitte nun in Gedanken einen Verstorbenen, der dir nahe war, zu dir zu kommen. Sage etwa: »Lieber Opa, komm ganz nah zu mir, sodass ich dich spüren kann.«

Weite dein inneres Licht aus, bis du in einer Lichtkugel oder einem Kokon sitzt, und achte darauf, was sich in deinem Energiefeld ändert. Nimm auch die kleinsten Veränderungen wahr.

Der Verstorbene tritt nicht in unseren Körper, aber er betritt mit seiner Energie unser Energiefeld, wodurch es zu einer Veränderung kommt.

Versuche, den Unterschied zu spüren, wie es sich anfühlt, wenn jemand dein Energiefeld betritt. Es ist ähnlich wie dann, wenn wir spüren, dass jemand hinter uns steht. Meist läuft die Veränderung über die Gefühle, man wird emotional und berührt. Es kann aber auch sein, dass du ein leichtes Ziehen im Nacken, ein Kribbeln, Wärme oder Kälte oder eine sanfte Berührung spürst.

Verstorbene können Emotionen auslösen. Nimm wahr, wie sich Trauer, Blockaden oder Schmerzen lösen.

Erwarte nicht, dass du sofort Bilder oder Botschaften erhältst.

Achte darauf, was dir der Verstorbene mitteilen will, und fokussiere dich nicht auf das, was du von ihm wissen willst.

Wenn du jemanden verloren hast, den du sehr vermisst, kann es tröstend sein, zu spüren, dass er bei dir ist.

Du kannst beginnen, in Gedanken mit dieser Person zu sprechen, du kannst ihr alles sagen, solltest dabei aber nicht in Trauer verfallen.

Wenn du einen Schritt weitergehen willst, kannst du eine Symbolliste für dich erstellen.

Bemerkst du, dass eine Hand oder ein Bein schwerer wird, wärmer oder kälter, kannst du diese Veränderung als ein »Ja« verstehen. Gibt es dann eine Veränderung auf der gegenüberliegenden Hand, bedeutet dies ein »Nein«. Auf diese Weise ist eine einfache Kommunikation mit dem Verstorbenen möglich.

Mit der Zeit wirst du feststellen, dass du diese Energie immer an derselben Stelle des Körpers wahrnimmst. Wichtig ist: Die Fragen müssen geschlossen formuliert sein. »Geht es dir gut?« kann mit Ja oder Nein beantwortet werden. »Wie geht es dir?« hingegen nicht. Erhältst du nicht von Beginn an eine Antwort, verzweifle nicht. Genieße die Energie des Verstorbenen.

Wenn du die Übung beenden möchtest, bedanke dich beim Verstorbenen dafür, dass er gekommen ist.

Spüre erneut, wie sich dein Energiefeld verändert.

Danach komme langsam ins Hier und Jetzt zurück.

Informationen finden sich auch auf meiner Website

www.dollyroeschli.com

Genauso die Telefonnummer meiner Assistentin. Sie wacht über meinen Terminkalender und vergibt Sitzungstermine. Es ist nicht nötig, ihr den richtigen Namen oder den Grund für die gewünschte Sitzung anzugeben. Sie benötigt einzig eine Telefonnummer, unter der sie – sollte ich aufgrund einer Krankheit oder eines Notfalls verhindert sein – absagen kann. Sie ist es auch, die Anfragen für Vorträge oder Seminare entgegennimmt, diese sind auch per Mail möglich. Die Mailadresse findet sich ebenfalls auf der Website.

Die Meditationsübungen können Sie neu auch als Audiodateien über die gängigen Online-Portale erwerben.

Sie finden sie unter dem Titel »Meditationen von Dolly Röschli«.

*Unsere Bücher finden Sie überall dort,
wo es gute Bücher gibt, und unter
www.woerterseh.ch*